FrenchSmart

Grade 5

Andrea Philp Berlin • Christine Chinpokoi

Printed in China

FrenchSmart

Grade 5

Contents

Unité 1

Les parties du corps

Body Parts

Vocabulary: Words for body parts

Expressions: « Voilà... » "Here is/are..."

Grammar: Possessive adjectives

Voilà ma langue!
vwah·lah mah laang
Here is my tongue!

Voilà mes yeux!
vwah·lah meh zyuh
Here are my eyes!

A. Copiez les mots.
Copy the words.

les lèvres the lips

les lévres
leh lehvr

le visage the face

le visage
luh vee·zahj

les oreilles the ears

les oreilles
leh zoh·ray

la peau the skin

lapeau
lah poh

le corps
the body
luh cohr
la tête
lah teht
les yeux
leh zyuh
la poitrine
lah pwa·treen
le coude
luh kood
la main
lah mahn
la jambe
lah jaamb
le pied
luh pyeh
les épaules
leh zeh·pohl
le dos
luh doh
le bras
luh brah
la taille
lah tahy
les doigts
leh dwah
le genou
luh juh·noo
les orteils
leh zohr·tehy

B. Remplissez les tirets pour écrire le nom des parties du corps.
Fill in the blanks to write the names of different body parts.

1.

l__ j__ __e

2.

l__ c__ __d__

3.

l__s o__e__l__ __s

4.

l__ n__ __

l__ __ou__h__

5.

l__s __our__i__s

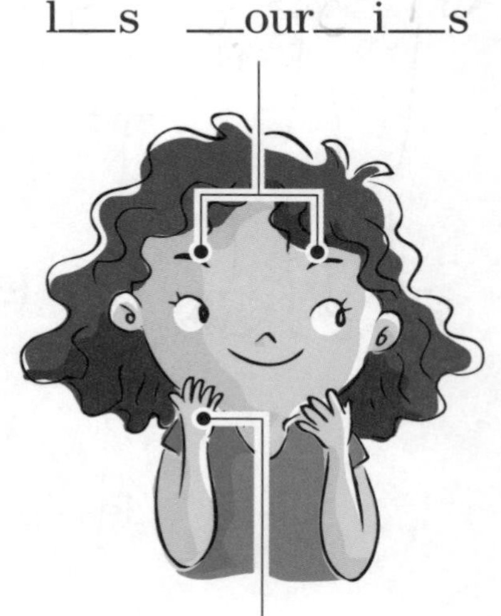

l__ m__i__

6.

__es __ __ux

7.

l__s l__ __re__

8.

le__ g__ __oux

9.

__ __s c__ev__ __ __

C. Dessinez la partie du corps qui manque et ensuite écrivez son nom.
Draw the missing part of the body and then write its name.

D. Encerclez la partie du corps qui n'appartient pas au groupe.
Circle the part of the body that does not belong to the group.

1. la bouche
   - les lèvres
   - la langue
   - l'orteil
   - les dents
     teeth
     leh daan

2. le visage
   - le nez
   - la joue
   - les sourcils
   - la poitrine

3. la tête
   - les cheveux
   - le doigt
   - le menton
   - la bouche

Grammar

Les adjectifs possessifs
Possessive Adjectives

Possessing		one object f.	one object m.	more than one object m. / f.	
☺ Singular (sg.)	my	ma	mon	mes	les fleurs (f.pl.)
	your	ta	ton	tes	**mes** fleurs
	his/her	sa	son	ses	my flowers
☺☺☺ Plural (pl.)	our	notre		nos	**nos** fleurs
	your	votre		vos	our flowers
	their	leur		leurs	

E. Remplacez les articles par les adjectifs possessifs.
Replace the articles with possessive adjectives.

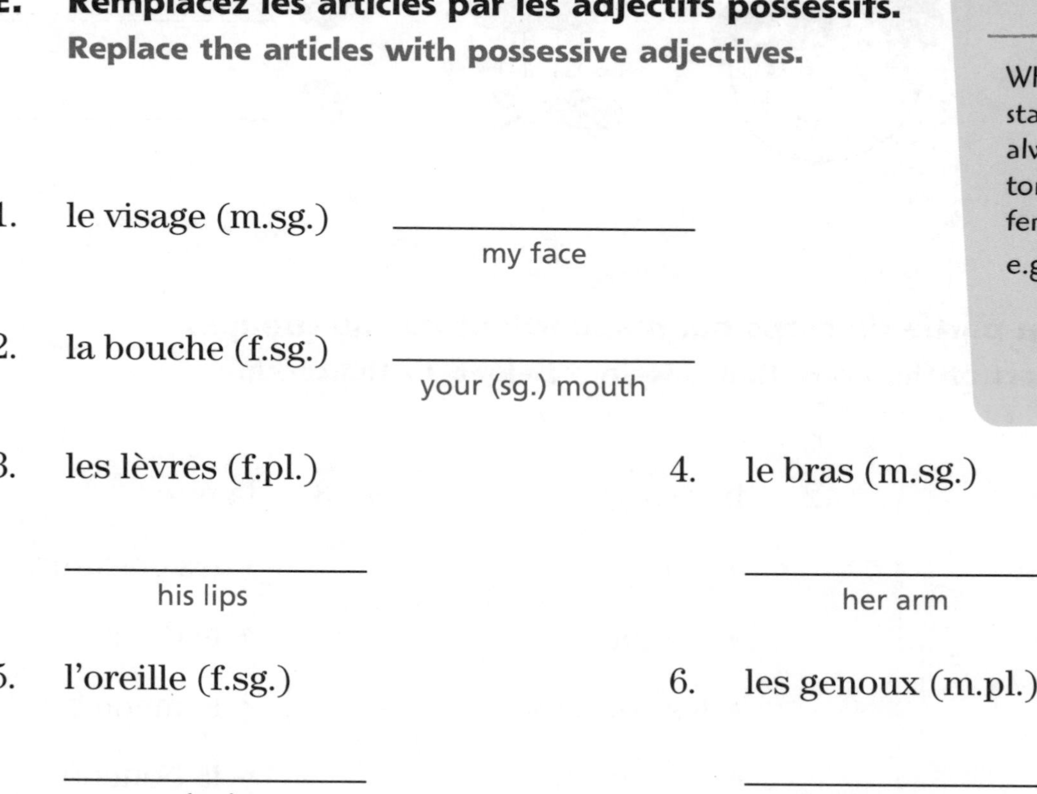

1. le visage (m.sg.) ____________ my face

2. la bouche (f.sg.) ____________ your (sg.) mouth

3. les lèvres (f.pl.) ____________ his lips

4. le bras (m.sg.) ____________ her arm

5. l'oreille (f.sg.) ____________ your (sg.) ear

6. les genoux (m.pl.) ____________ my knees

Exception!

When a singular noun starts with a vowel, it always takes "mon/ton/son" even if it is feminine!

e.g. une oreille (f.sg.)
~~ma~~ oreille ✗
mon oreille ✓
my ear

En anglais :
In English

"Here is..."

En français :
In French

« Voilà... » *vwah·lah*

Voilà mon nez!
vwah·lah mohn neh
Here is my nose!

F. Traduisez et utilisez l'expression « Voilà » pour dire à qui les parties du corps appartiennent.

Translate and use the expression "Voilà" to tell to whom the body parts belong.

1. Voilà ____________ my eyes

2. ____________ your elbow

3. ____________ his lips

4. ____________ her cheeks

5. ____________ my hand

6. ____________ my knees

7. ____________ his head

8. ____________ her ears

Unité 2

Les activités quotidiennes

Daily Activities

Vocabulary: Words related to daily activities

Grammar: Present tense of "-ER" verbs

Expressions: « Aimer » + infinitive

Nous aimons regarder le chien!
noo zeh·mohn ruh·gahr·deh luh shyahn
We like watching the dog!

A. Copiez les mots.
Copy the words.

aimer
to like
____
eh·meh

marcher
to walk
____
mahr·sheh

regarder
to look/watch
____
ruh·gahr·deh

penser
to think
____
paan·seh

dessiner
to draw
____
deh·see·neh

pleurer
to cry
____
pluh·reh

rêver to dream
____
reh·veh

manger to eat
____
maan·jeh

sommeiller to nap
____
soh·meh·yeh

écouter
to listen

____
eh·koo·teh

étudier
to study

____
eh·tew·dyeh

danser
to dance

____
daan·seh

donner
to give

____
doh·neh

aider
to help

____
eh·deh

parler
to talk

____
pahr·leh

B. Écrivez la lettre correspondante devant le verbe.
Write the corresponding letter in front of the verb.

◯ **regarder**

◯ **dessiner**

◯ **étudier**

◯ **manger**

◯ **parler**

Les pronoms repris
Pronouns Revised

Replace the subject of the sentence with the correct personal subject pronoun to decide which verb ending to use.

e.g. Mon chien (m.sg.)
→ il (m.sg.)

Marie et Pierre (m.pl.)
→ ils (m.pl.)

	Noun	Pronoun
masculine	singular	il
	plural	ils
feminine	singular	elle
	plural	elles
moi et (another person)		nous
toi et (another person)		vous

C. Remplacez les noms par le bon pronom sujet.
Replace the nouns with the correct subject pronoun.

il ils nous vous elle elles

1. *tes cousins et toi*
your cousins and you
____

2. *les hommes*
lehz·ohm
the men
____

3. *moi et mon amie*
me and my friend
____

4. *les filles*
leh feey
the girls
____

Les verbes du 1er groupe

Verbs of the 1st Group

Some infinitives end in "-ER". These belong to the 1st group of verbs.

"-ER" verb endings		e.g. infinitive: aim**er**
Je	-e	J' aime
Tu	-es	Tu aimes
Il/Elle	-e	Il/Elle aime
Nous	-ons	Nous aimons
Vous	-ez	Vous aimez
Ils/Elles	-ent	Ils/Elles aiment

Most "-ER" verbs take these endings. All you need to do is replace the "-ER" in the infinitive with these endings!

e.g. Tu + penser

penser
pens-
pens-es

Tu penses.

D. Écrivez la bonne forme du verbe.
Write the correct form of the verb.

1. Vous ________________ .
   étudier

2. Elles ________________ .
   aider

3. Je ________________ .
   parler

4. Tu ________________ .
   regarder

5. Ils ________________ .
   pleurer

6. Nous ________________ .
   rêver

7. Elle ________________ .
   écouter

8. Il ________________ .
   penser

E. Écrivez la bonne forme du verbe.
Write the correct form of the verb.

A Jean ________________ .

B L'étudiante ________________ .

C Moi et ma mère ________________ .

D Les cousins ________________ .

E Le bébé ________________ .

F Marie et son chien ________________ .

G Lucie ________________ .

H Le chien ________________ .

I La fille ________________ .

J Le garçon ________________ .

Expressions
En anglais :
In English
"I like...V-ing"
En français :
In French
« J'aime + infinitif »
J'aime regarder la télévision!
jehm ruh·gahr·deh lah teh·leh·vee·zyohn
I like watching television.
Fifi aime sommeiller au soleil.
fee·fee ehm soh·meh·yeh oh soh·lehy
Fifi likes napping in the sun.

F. Construisez des phrases avec les mots donnés. Utilisez la construction « aimer + infinitif ».

Make sentences with the given words. Use the construction "aimer + infinitif".

1. Tu / aimer / danser

   Tu aimes ________________________________.

2. Je / aimer / dessiner / des tigres

   ____

3. Sophie / aimer / rêver / la nuit

   ____

4. Nous / aimer / parler

   ____

5. Vous / aimer / étudier / le français

   ____

6. Ils / aimer / manger / leurs légumes

   ____

Unité 3

Les accessoires

Accessories

Vocabulary: Words related to clothing and accessories

Grammar: « Porter » in the present tense

Review: Singular and plural nouns

Elle porte des lunettes!
ehl pohrt deh lew·neht
She is wearing glasses!

A. Copiez les mots.
Copy the words.

Les accessoires

leh zahk·seh·swahr

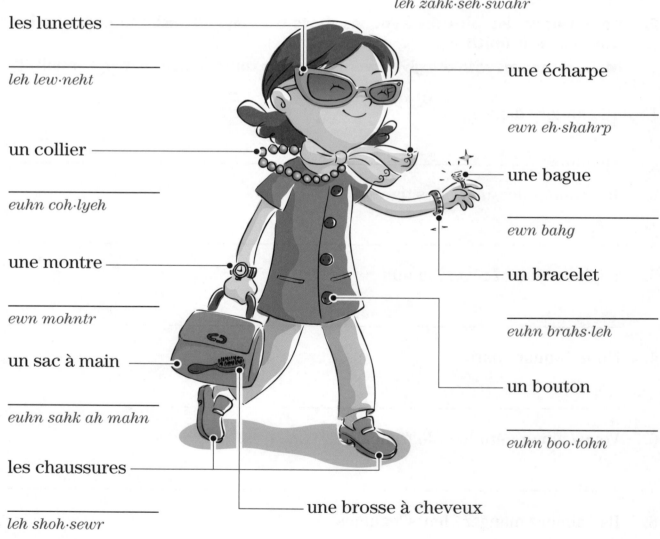

les lunettes

____
leh lew·neht

un collier

____
euhn coh·lyeh

une montre

____
ewn mohntr

un sac à main

____
euhn sahk ah mahn

les chaussures

____
leh shoh·sewr

une écharpe

____
ewn eh·shahrp

une bague

____
ewn bahg

un bracelet

____
euhn brahs·leh

un bouton

____
euhn boo·tohn

une brosse à cheveux

____
ewn brohs ah shuh·vuh

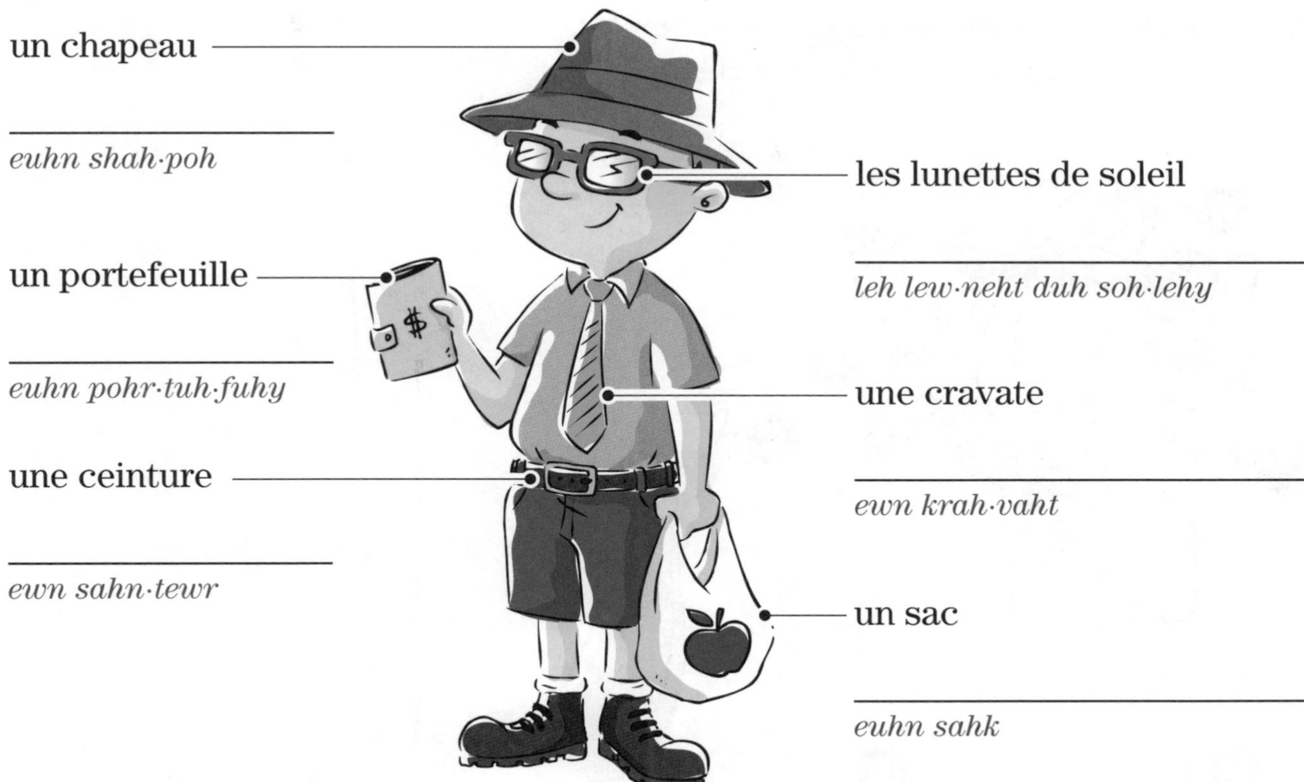

B. Mettez les lettres dans le bon ordre.
Put the letters in the correct order.

1. 

____

2. 

____

3. 

____

4. 

____

5. 

____

____

C. Écrivez les lettres dans les bons cercles.
Write the letters in the correct circles.

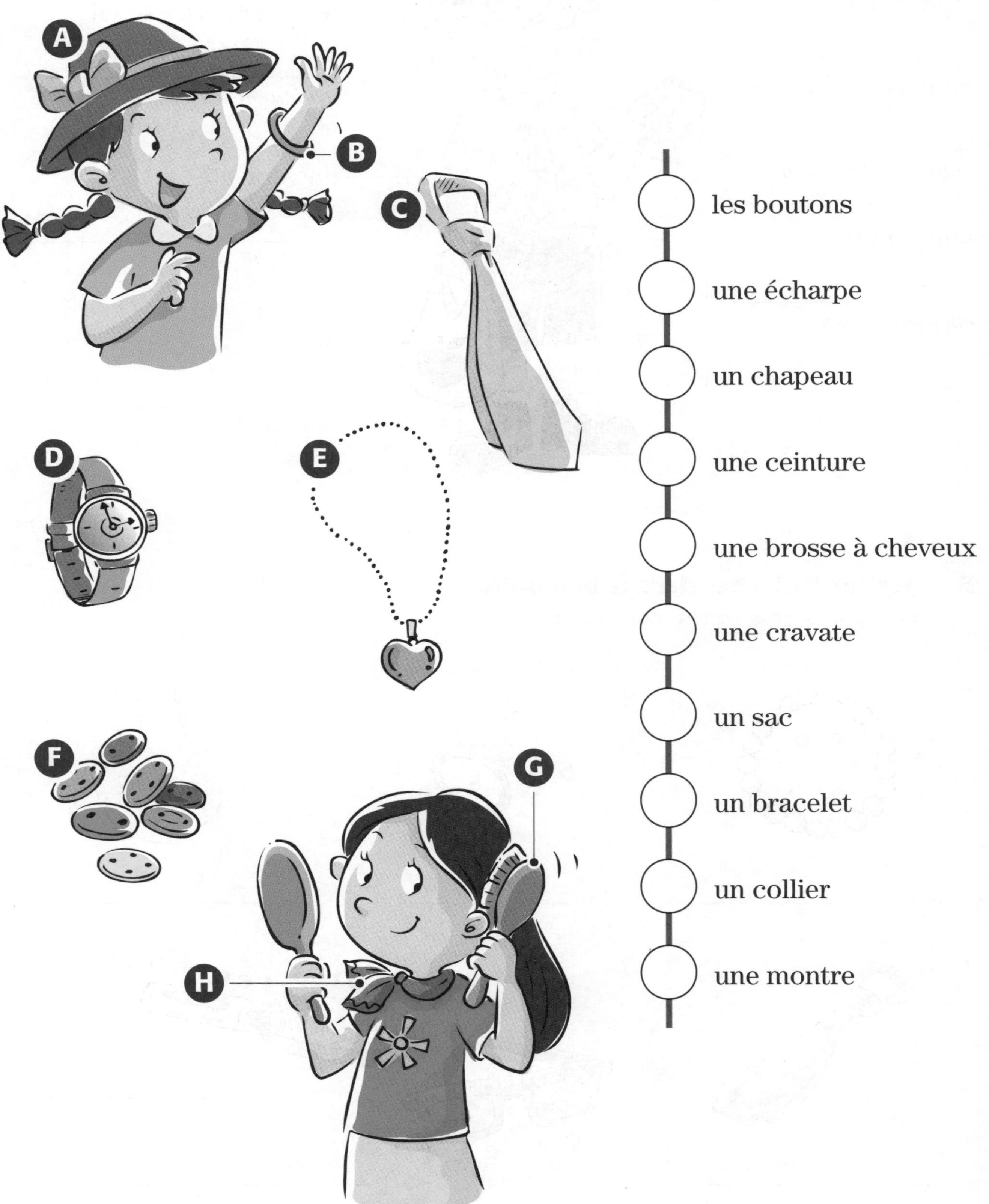

singulier (sg.) et pluriel (pl.)

Rule:

- singular noun + "-s" = plural noun
- For nouns ending with "-eau" and "-ou", add an "-x".
- If the singular noun ends in "s", it does not change in the plural.
- Change "un/une" to "des" and "le/la" to "les".

e.g.

une ceinture (sg.) → des ceintures (pl.)
a belt — belts

la ceinture (sg.) → les ceintures (pl.)
the belt — the belts

un chapeau (sg.) → des chapeaux (pl.)
a hat — hats

le chapeau (sg.) → les chapeaux (pl.)
the hat — the hats

D. Donnez le pluriel si le nom est au singulier et le singulier si le nom est au pluriel.

Give the plural of the singular nouns and the singular of the plural nouns.

1. une montre ________
2. un collier ________
3. les bracelets ________
4. l'accessoire ________
5. des sacs ________
6. un chapeau ________
7. une écharpe ________
8. des bagues ________
9. le portefeuille ________
10. des cravates ________
11. la ceinture ________
12. une chaussure ________

Révision : 1er groupe « -ER »

« Porter » au présent
To wear

singular	plural
Je porte *juh pohrt* I wear/am wearing	Nous portons *noo pohr·tohn* We wear/are wearing
Tu portes *tew pohrt* You wear/are wearing	Vous portez *voo pohr·teh* You wear/are wearing
Il/Elle porte *eel/ehl pohrt* He/She wears/is wearing	Ils/Elles portent *eel/ehl pohrt* They wear/are wearing

*All "-ER" verbs of the first group have the same endings.

E. Complétez les phrases avec la bonne forme du verbe « porter ».
Complete the sentences with the correct form of the verb "porter".

N'oubliez pas!
Don't forget!

Use the plural articles des/les where needed.

1. 

Nous portons ________________.

Elle ________________.

2. 

Tu ________________.

Elles ________________.

3. 

Vous ________________.

Je ________________.

4. 

Il ________________.

Tu ________________.

F. Faites les mots croisés.
Complete the crossword puzzle.

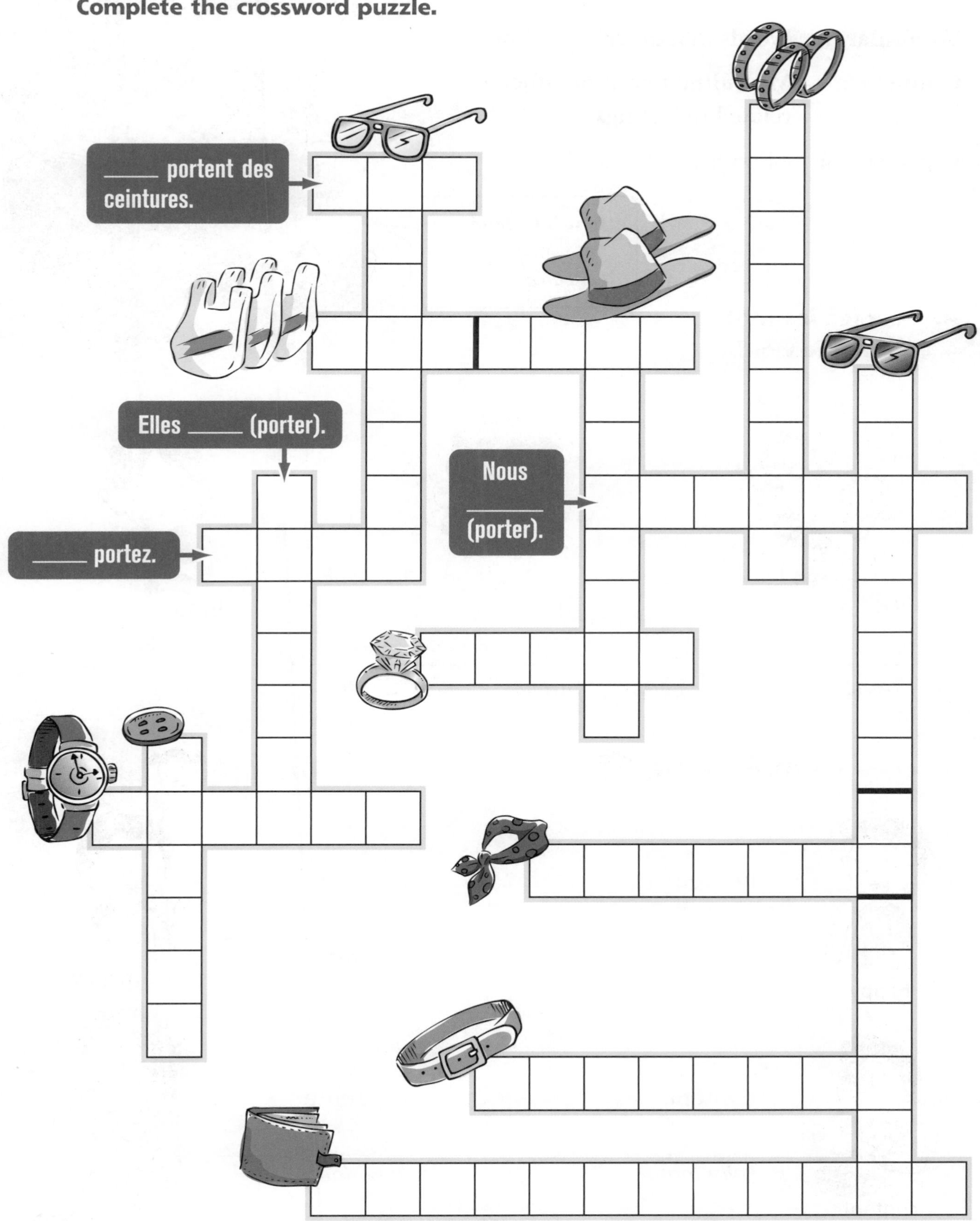

_____ portent des ceintures.
Elles _____ (porter).
_____ portez.
Nous _____ (porter).

Unité 4

Les émotions

Feelings

Vocabulary: Words that describe feelings

Grammar: Masculine/feminine adjectives related to feelings

Expressions: « Je suis... » "I am..."

Je suis fatigué.
juh swee fah·tee·geh
I am tired.

A. Copiez les mots.
Copy the words.

triste

____

treest

drôle

____

drohl

timide

____

tee·meed

masculine 

happy

heureux

____

uh·ruh

content

content

____

kohn·taan

feminine 

heureuse

____

uh·ruhz

happy

contente

____

kohn·taant

content

masculine 

gentil

____

jaan·tee

fâché

____

fah·sheh

ennuyé

____

aan·nwee·yeh

excité

____

ehk·see·teh

fatigué

____

fah·tee·geh

effrayé

____

eh·freh·yeh

feminine

gentille

____

jaan·teey

fâchée

____

fah·sheh

ennuyée

____

aan·nwee·yeh

excitée

____

ehk·see·teh

fatiguée

____

fah·tee·geh

effrayée

____

eh·freh·yeh

B. Reliez les images aux adjectifs correspondants.
Link the pictures to the corresponding adjectives.

les expressions
leh zehks·preh·syohn
expressions

- effrayée
- excitée
- contente
- triste
- fâchée

C. Dessinez une image pour chacune des phrases suivantes.
Draw a picture for each of the following sentences.

1. Le garçon est triste.

2. La fille est fâchée.

Masculin (m.) ou féminin (f.)?

Masculine or feminine?

In French, adjectives can be one of the two genders: masculine or feminine.

Feminine adjectives usually have an additional "-e" at the end.

e.g. Paul est content (m.). → Marie est content**e** (f.).

Exception!

Some words stay the same.

e.g. triste (m./f.)

D. Mettez les adjectifs dans la bonne colonne selon leur genre.

Put the adjectives in the correct columns according to their gender.

gentille	triste	gentil	ennuyé	fâchée
ennuyée	fâché	fatigué	drôle	timide

L'accord de l'adjectif avec le sujet
Subject-Adjective Agreement

In French, the subject of the sentence and the adjective describing it must agree in **gender** and **number**.

e.g. **Le chien** est **gentil**. The dog (m.) is nice.
The subject (le chien) and the adjective (gentil) are both masculine and singular.

Les chiennes sont **gentilles**. The dogs (f.) are nice.
The subject (les chiennes) and the adjective describing it (gentilles) are both feminine and plural.

E. Encerclez l'adjectif qui s'accorde avec le sujet dans chaque phrase.
Circle the adjective that agrees with the subject in each sentence.

1. Marie est **heureux / heureuse** .
2. Le chat est **ennuyé / ennuyée** .
3. Ma cousine est **gentille / gentil** .
4. Mon père est **fâché / fâchée** .
5. Les clowns (m.) sont **contents / contentes** .
6. Ma sœur est **excité / excitée** .
7. Notre directrice est **effrayé / effrayée** .

Expressions

En anglais :
In English

"I am ________ ."
adjective

En français :
In French

« Je suis ________ . »
adjectif

When using the subject pronoun "Je", the adjective you use to describe yourself must agree with your gender (m./f.).

Je suis fâchée!
juh swee fah·sheh
I am angry!

Je suis heureux!
juh swee uh·ruh
I am happy!

F. Utilisez la bonne forme des adjectifs pour vous décrire vous-même.
Use the correct form of the adjectives to describe yourself.

1. **excité / excitée**

   Je suis ________ .

2. **gentil / gentille**

   Je suis ________ .

3. **content / contente**

   Je suis ________ .

4. **ennuyé / ennuyée**

   Je suis ________ .

5. **heureux / heureuse**

   Je suis ________ .

6. **fâché / fâchée**

   Je suis ________ .

Unité 5

Les fruits et les légumes

Fruits and Vegetables

Vocabulary: Words for fruits and vegetables

Expressions: « C'est... » "It is..."
« Ce sont... » "They are..."

C'est du brocoli.
seh dew broh·koh·lee
It's broccoli.

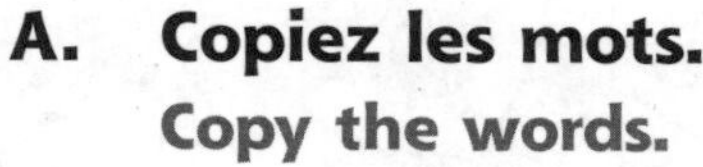

A. Copiez les mots.
Copy the words.

les fruits (m.)
fruits

____
leh frwee

 une pomme
____
ewn pohm

 une banane
____
ewn bah·nahn

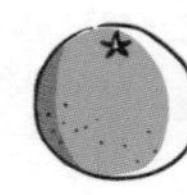 une orange
____
ewn oh·raanj

 un ananas
____
euhn ah·nah·nahs

 un raisin
____
euhn reh·zahn

 une fraise
____
ewn frehz

 une framboise
____
ewn fraam·bwahz

 un bleuet
____
euhn bluh·eh

 une pêche
____
ewn pehsh

 un melon d'eau
____
euhn muh·lohn doh

 un kiwi
____
euhn kee·wee

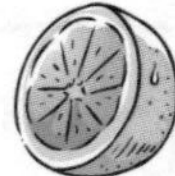 un pamplemousse
____
euhn paam·pluh·moos

les légumes (m.) ________________
vegetables *leh leh·gewm*

une tomate
____
ewn toh·maht

le brocoli
____
luh broh·koh·lee

un concombre
____
euhn kohn·kohmbr

une carotte
____
ewn kah·roht

le maïs
____
luh mah·eess

le petit-pois
____
luh puh·tee pwah

le champignon
____
luh shaam·pee·nyohn

la laitue
____
lah leh·tew

le poivron vert
____
luh pwah·vrohn vehr

les haricots verts (m.)
____
leh zah·ree·koh vehr

une pomme de terre
____
ewn pohm duh tehr

B. Écrivez le nom du fruit et du légume que vous aimez le plus.
Write the name of your favourite fruit and vegetable.

mon fruit préféré : ________________

mon légume préféré : ________________

C. Faites une liste des fruits et des légumes qui se trouvent dans chaque panier.
Make a list of the fruits and the vegetables that are in each basket.

Dans le panier, il y a...
In the basket, there is...

Les légumes

Les fruits

D. Groupez les fruits et les légumes suivants selon la façon dont ils poussent.
Group the fruits and the vegetables listed below according to the way they grow.

une carotte **une pêche** **un concombre**
une fraise **un kiwi** **une pomme de terre**
un champignon **la laitue** **une framboise**

1.

Ceux qui poussent dans les arbres :
suh kee poos daan lez ahrbr
Those that grow in trees:

______________ ______________

2.

Ceux qui poussent sur la terre :
suh kee poos sewr lah tehr
Those that grow above the ground:

____

______________ ______________

______________ ______________

3.

Ceux qui poussent dans la terre :
suh kee poos daan lah tehr
Those that grow below the ground:

______________ ______________

E. Remplissez les tirets à l'aide des images et des mots donnés.
Fill in the blanks with the help of the pictures and the given words.

tomates poivrons carottes pomme
fraises oranges pommes de terre

A

B

C

D

E

F
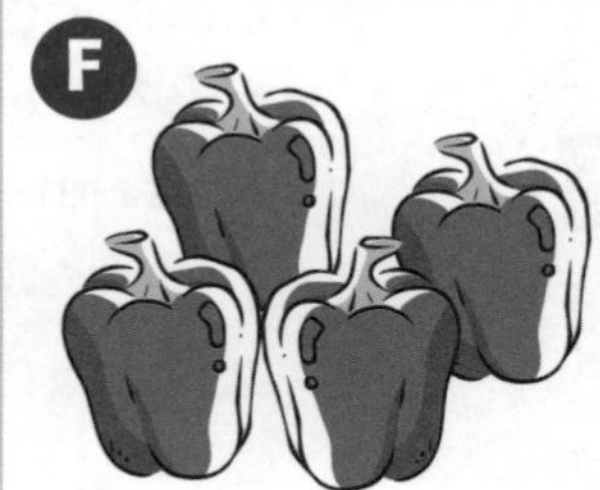
G

A Il y a dix ____________ blanches.

B Il y a neuf ____________ orange.

C Il y a onze ____________ orange.

D Il y a une ____________ rouge.

E Il y a trois ____________ rouges.

F Il y a quatre ____________ verts.

G Il y a cinq ____________ rouges.

En anglais :
In English

"It is..."
"They are..."

En français :
In French

« C'est... »
seh

« Ce sont... »
suh sohn

Attention!

- un/une **(sg.)** → des **(pl.)**
  a/an/one *some*
- le/la **(sg.)** → les **(pl.)**
  the *the*
- **singular noun + -s = plural noun**
  e.g. une pomme → des pommes
  an apple *some apples*
  singular plural

F. Écrivez deux phrases pour chaque image.
Write two sentences for each picture.

		Singulier Singular	Pluriel Plural
1.		________ une fraise.	________ des fraises.
2.	 	________	________
3.		________	________
4.	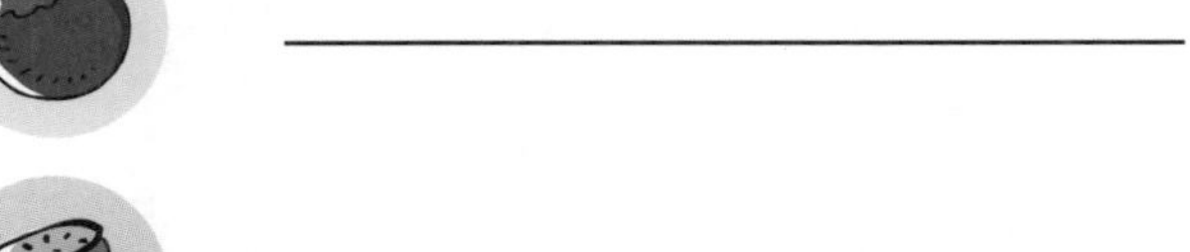	________	________
5.		________	________
6.		________	________
7.	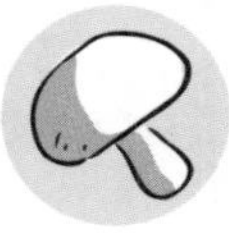	________	________

Unité 6

Les produits laitiers

Milk Products

Vocabulary: Words for milk products

Review: Special conjugation of "manger"

Expressions: « Je bois de... »
"I drink/am drinking..."

Je bois du lait!
juh bwah dew leh
I am drinking milk!

A. Copiez les mots.
Copy the words.

Les produits laitiers (m.)
Milk Products

____

leh proh·dwee leh·tyeh

A le lait *luh leh*

____

B le beurre *luh buhr*

____

C la crème glacée *lah krehm glah·seh*

____

D la crème fouettée *lah krehm fweh·teh*

E le fromage *luh froh·mahj*

____

F le lait au chocolat *luh leh oh shoh·koh·lah*

____

G le yogourt *luh yoh·goort*

____

B. Mettez les lettres dans le bon ordre.

Put the letters in the correct order.

1.  ____________________

2.  ____________________

3.  ____________________

4.  ____________________

5.  ____________________

6.  ____________________

C. Remplissez les tirets et trouvez le mot mystère.

Fill in the blanks and find the mystery word.

c__ __m__ g__a__é__

__r__m__ge

__a__t au ch__c__ __a__

__ __g__u__ __

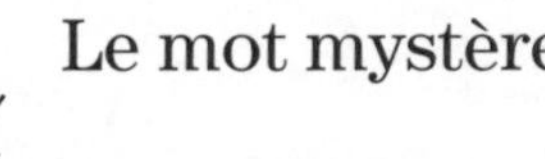

D. Reliez les mots anglais aux mots français correspondants.
Match the English words with the corresponding French words.

Milk Products	Les produits laitiers
whipped cream •	• le fromage
chocolate milk •	• le lait au chocolat
cheese •	• la crème fouettée
butter •	• le yogourt
yoghurt •	• le beurre

E. Donnez le nom du produit laitier que l'on mange avec l'aliment indiqué.
Write the name of a milk product that is eaten with the following food.

A ____________________

B ____________________

C ____________________

D ____________________

An Irregular "-ER" Verb

« Manger » au présent

To eat

Nous mang-er → mang- → mang-e-ons
All other forms of manger are regular!

singular	plural
Je mange	Nous mangeons
Tu manges	Vous mangez
Il/Elle mange	Ils/Elles mangent

du, de la, de l' = some

In French, when you say you are eating something **uncountable** (like milk products), "de" comes before the noun and it means "some".

e.g. Je mange de la crème fouettée.
I am eating **some** whipped cream.

but: Je mange la **pomme**.
I am eating **the** apple.

Remember: *de + le = du*

de + le
Je mange du fromage.
I am eating some cheese.

F. Construisez des phrases avec la bonne forme du verbe « manger » suivie de « du/de la ».

Make sentences with the correct form of the verb "manger" followed by "du/de la".

1. (tu) (manger) (le beurre)

____

2. (nous) (manger) (la crème fouettée)

____

3. (je) (manger) (la crème glacée)

____

4. (il) (manger) (le yogourt)

____

G. Trouvez les mots cachés dans la grille.
Find the words in the word search.

crème fouettée **lait fouetté** (milk shake) **chocolat chaud** (hot chocolate)

yogourt **lait au chocolat** **fromage** **crème glacée** **beurre**

c	r	è	m	e	f	o	u	e	t	t	é	e	u	g
f	h	c	h	o	c	o	l	a	t	c	h	a	u	d
r	c	r	è	m	e	g	l	a	c	é	e	f	k	y
o	t	d	v	c	j	l	s	q	r	b	x	z	é	j
m	l	a	i	t	a	u	c	h	o	c	o	l	a	t
a	t	k	i	û	é	o	k	s	e	b	v	n	m	l
g	e	l	a	i	t	f	o	u	e	t	t	é	l	n
e	p	n	m	[illegible]	u	c	v	b	e	u	r	r	e	p
o	r	h	[illegible]	[illegible]	j	n	y	o	g	o	u	r	t	é

En anglais :
In English
"I drink/am drinking..."

En français :
In French
« Je bois... »
juh bwah

le lait
Je bois du lait.
juh bwah dew leh
I am drinking some milk!

Note: Just like "eating", when you say you are drinking something uncountable, you must use **"du, de la, de l'"** before the noun.

e.g. Je bois **du** jus.
I am drinking **some** juice.

H. Construisez des phrases avec l'expression « Je bois du/de la... ».
Make sentences with the expression "Je bois du/de la...".

1. le lait fouetté
luh leh fweh·teh
milk shake
____

2. le lait au chocolat
luh leh oh shoh·koh·lah
chocolate milk
____

3. 
le chocolat chaud
luh shoh·koh·lah shoh
hot chocolate
____

4. la soupe
lah soop
soup
____

Unité 7

Les viandes et les substituts

Meat and Alternatives

Vocabulary: Words for meat and alternatives

Grammar: Quel/Quels, Quelle/Quelles

Expressions: « Quel...préférez-vous? »
"Which...do you prefer?"

Quel groupe alimentaire préférez-vous?
kehl groop ah·lee·maan·tehr preh·feh·reh voo
Which food group do you prefer?

A. Copiez les mots.
Copy the words.

Les viandes
meat

leh vee·aand

La volaille	**Les fruits de mer** (m.)	**Les viandes rouges** (f.)
poultry	seafood	red meat
____________	____________	____________
lah voh·lahy	*leh frwee duh mehr*	*leh vee·aand rooj*
le poulet	le poisson	le bœuf
chicken	fish	beef
____________	____________	____________
luh poo·leh	*luh pwah·sohn*	*luh buhf*
le canard	une moule	l'agneau (m.)
duck	a mussel	lamb
____________	____________	____________
luh kah·nahr	*ewn mool*	*lah·nyoh*
la dinde	la crevette	le porc
turkey	shrimp	pork
____________	____________	____________
lah dahnd	*lah kruh·vet*	*luh pohr*

Les substituts (m.)
alternatives

leh sewb·stee·tew

Les noix (f.)
nuts

leh nwah

l'arachide (f.)
peanut

lah·rah·sheed

l'amande (f.)
almond

lah·maand

le cajou
cashew

luh kah·joo

la pacane
pecan

lah pah·kahn

Les fèves (f.)
beans

leh fehv

les lentilles (f.)
lentils

leh laan·teey

le soja
soybean

luh soh·jah

le haricot de Lima
lima bean

luh ah·ree·koh duh lee·mah

les fèves jaunes (f.)
wax beans

leh fehv john

l'œuf (m.)
egg

luhf

le beurre d'arachide
peanut butter

luh buhr dah·rah·sheed

le houmous
hummus

luh oo·moos

le tofu
tofu

luh toh·foo

les produits laitiers (m.)
milk products

leh proh·dwee leh·tyeh

B. Écrivez votre nourriture favorite pour chaque groupe alimentaire.
Write your favourite food from each food group.

La volaille

Les fruits de mer

Les viandes rouges

C. Encerclez le mot qui n'appartient pas au groupe.
Circle the word that does not belong to the group.

1.
- les fèves jaunes
- les haricots
- le bœuf
- le soja

2.
- le poulet
- la dinde
- la crevette
- le canard

3.
- le poisson
- l'amande
- les moules
- la crevette

4.
- le houmous
- l'agneau
- le bœuf
- le porc

5.
- la viande rouge
- les fruits de mer
- la volaille
- l'œuf

6.
- le poulet
- l'agneau
- le poisson
- l'arachide

D. Écrivez le nom du groupe alimentaire auquel chaque animal appartient.
Write the name of the food group to which each animal belongs.

1.

____

2.

____

3.

____

E. Écrivez le nom des aliments représentés dans les images.
Write the names of the food in the pictures.

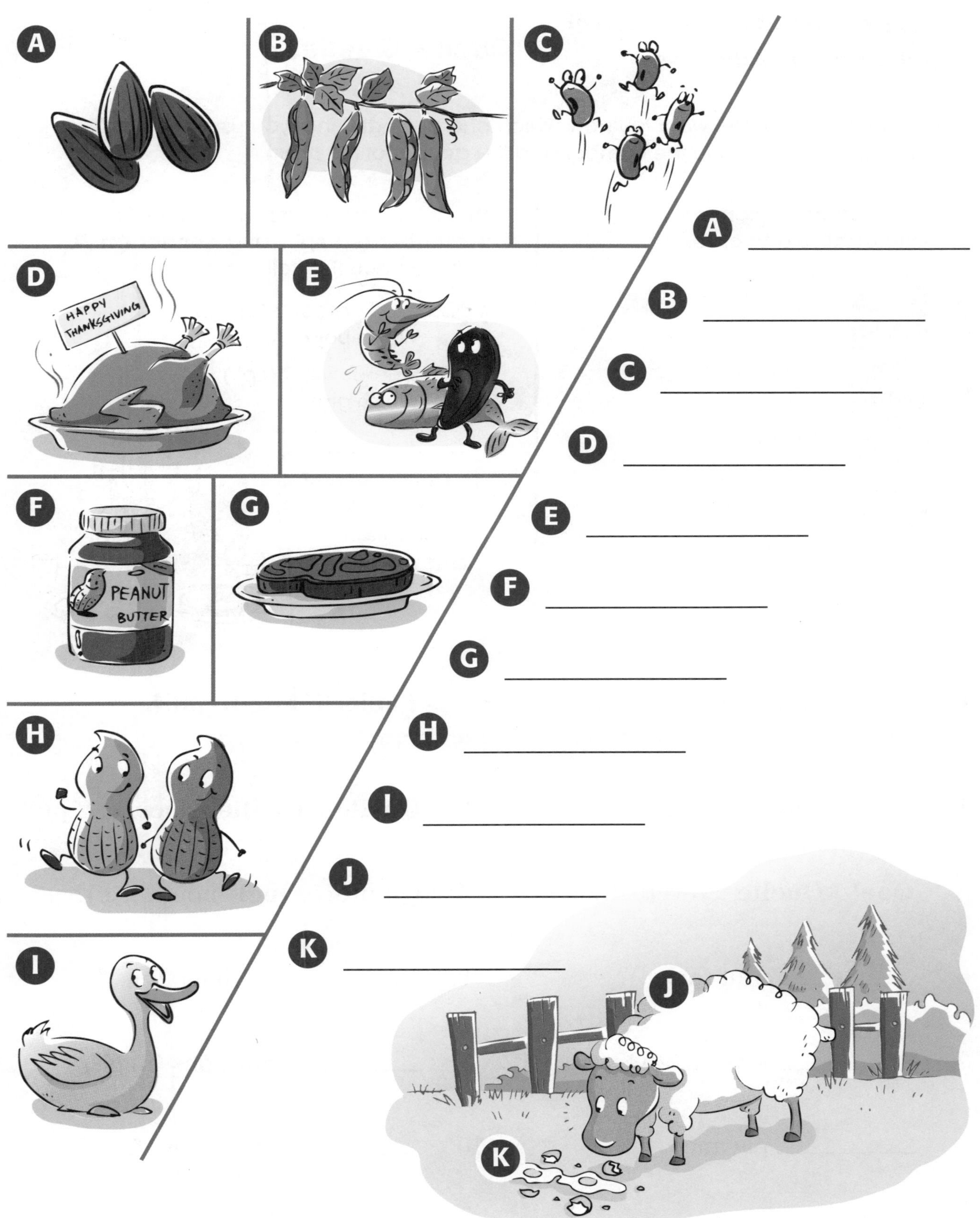

Les adjectifs interrogatifs
Interrogative Adjectives

Quel/Quels
vs.
Quelle/Quelles

In French, when you want to know which one or what thing, you use quel. Its form changes according to the number and the gender of the noun.

The different forms of the interrogative adjective:

masculine (m.)	singular (sg.)	quel
	plural (pl.)	quels
feminine (f.)	singular (sg.)	quelle
	plural (pl.)	quelles

The interrogative adjective must agree in **number (sg./pl.)** and **gender (m./f.)** with the noun that follows it.

e.g. Quel **garçon? (m.sg.)**
Which boy?

Quelles **filles? (f.pl.)**
Which girls?

F. Encerclez ou écrivez la bonne forme de l'adjectif interrogatif.
Circle or write the correct from of the interrogative adjective.

1. **Quel** / **Quels** poulet (m.sg.)?
2. **Quelle** / **Quelles** moules (f.pl.)?
3. **Quel** / **Quelle** crevette (f.sg.)?
4. **Quelle** / **Quel** noix (f.sg.)?
5. ____________ œuf (m.sg.)?
6. ____________ lentilles (f.pl.)?
7. ____________ fève (f.sg.)?
8. ____________ poissons (m.pl.)?
9. ____________ pacanes (f.pl.)?
10. ____________ arachides (f.pl.)?

Expressions

En anglais :
In English

"Which/what...do you prefer?"

En français :
In French

« Quel...préférez-vous? »
kehl...preh·feh·reh voo

Quel Quels
Quelle Quelles
They are all pronounced "kehl".
Quelle noix préférez-vous?
kehl nwah preh·feh·reh voo
Which nut do you prefer?

G. Complétez les expressions en utilisant la bonne forme de l'adjectif interrogatif « quel ».

Complete the expressions using the correct form of the interrogative adjective "quel".

1. Q__ __l bo__ __f préférez-vous?
   (beef m.sg.)

2. ________________ préférez-vous?
   (pork m.sg.)

3. ________________ préférez-vous?
   (peanut f.sg.)

4. ________________________________
   (almonds f.pl.)

5. ________________________________
   (seafood m.pl.)

Remember, the interrogative adjective "Quel" must agree in gender and number with the noun!

Unité 8

Les céréales

Grains

Vocabulary: Words related to cereal grains

Grammar: Agreement of partitive articles: du, de la, de l', des
"-GER" verbs of the first group

A. Copiez les mots.
Copy the words.

les grains (m.) grains __________ *leh grehn*	le maïs maize __________ *luh mah·eess*	le blé wheat __________ *luh bleh*
le riz rice __________ *luh ree*	les pâtes (f.) pasta __________ *leh paht*	le gruau oatmeal __________ *luh grew·oh*
le pain bread __________ *luh pahn*	les crêpes (f.) pancakes __________ *leh krehp*	les gaufres (f.) waffles __________ *leh gohfr*
les craquelins (m.) crackers __________ *leh krah·klahn*	le maïs soufflé popcorn __________ *luh mah·ees soo·fleh*	

B. Écrivez le nom de l'aliment.
Write the name of the food.

1. ________________

2.  ________________

3.  ________________

4.  ________________

5.  ________________

6.  ________________

7. 

A ________________

B ________________

C ________________

C. Quels produits préférez-vous? Cochez vos réponses.
Which food items do you prefer? Check your answers.

○ les pâtes ○ les craquelins ○ le maïs soufflé

○ le pain ○ les gaufres ○ les crêpes

D. Choisissez deux aliments que vous mangez à chaque repas. Ensuite construisez une phrase avec « Je mange (de)... ».

Choose two things that you would eat at each meal. Then make a sentence with "Je mange (de)...".

les crêpes   les gaufres
les craquelins   le maïs
le pain   le riz
le gruau   le maïs soufflé

Remember:
Manger + de + uncountable noun

le déjeuner breakfast 	le dîner lunch	le souper dinner 
Je mange ________ ________.	________ ________	________ ________

E. Qu'est-ce que chaque enfant mange? Complétez les phrases.

What is each child eating? Complete the sentences.

Au déjeuner je mange ________.
For breakfast, I eat some crackers.

Au dîner je mange ________.
For lunch, I eat some bread.

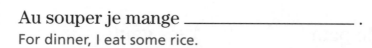

Au souper je mange ________.
For dinner, I eat some rice.

L'accord des articles partitifs

Agreement of Partitive Articles

There are three partitive articles in French that introduce nouns: du, de la, and des. They mean "some" in English.

du masculine, singular nouns

e.g. Je mange du maïs (m.sg.).
I'm eating **some** maize.

des masculine or feminine, plural nouns

e.g. Je mange des crêpes.
I'm eating **some** pancakes.

de la feminine, singular nouns

e.g. Je mange de la crème glacée (f.sg.).
I'm eating **some** ice cream.

N'oubliez pas!
Don't forget!

"Du" and "de la" become **"de l'"** in front of nouns that start with a vowel or a silent "h".

e.g. Je mange **de l'**ananas (m.sg.).
I'm eating **some** pineapple.

F. Remplissez les tirets avec le bon article partitif.
Fill in the blanks with the correct partitive articles.

1. Je mange ______ céréales. *(f.pl.)*
2. Je bois ______ chocolat chaud. *(m.sg.)*
3. Je mange ______ agneau. *(m.sg.)*
4. Je bois ______ lait au chocolat. *(m.sg.)*
5. Je mange ______ lentilles. *(f.pl.)*
6. Je mange ______ quinoa. *(m.sg.)*
7. Je mange ______ œufs. *(m.pl.)*
8. Je mange ______ laitue. *(f.sg.)*

Nous partageons des craquelins.
noo par·tah·john deh krah·klahn
We are sharing some crackers.
CRACKERS

Grammar

Irregular Verbs of the 1st Group

Verbs Ending in "-GER"

Verbs ending in "-**GER**" belong to the first group and have the same endings as any other "-ER" verb except in the **first person plural**.

singular	plural
-ge	-g**e**ons
-ges	-gez
-ge	-gent

"-GER" verbs:

manger to eat
maan·jeh

nager to swim
nah·jeh

partager to share
par·tah·jeh

arranger to arrange
ah·raan·jeh

changer to change
shaan·jeh

G. Complétez les phrases avec la bonne forme du verbe donné. Ensuite traduisez en anglais.

Complete the sentences with the correct form of the given verbs. Then translate the sentences into English.

en français	en anglais
1. Vous ______________ dans la piscine. **(nager)**	______________
2. Nous ______________ nos papiers. **(arranger)**	______________
3. Ils ______________ leurs chaussures. **(changer)**	______________
4. Tu ______________ de la dinde. **(manger)**	______________
5. Nous ______________ des biscuits. **(partager)**	______________
6. Elle ______________ du pain. **(manger)**	______________

H. Faites une phrase pour chacune des images. Utilisez le verbe « manger » avec la bonne forme de l'article partitif.

Make a sentence for each of the pictures. Use the verb "manger" with the correct form of the partitive article.

A Le garçon mange du ______________________ .

B ______________________

C ______________________

D ______________________

E ______________________

F ______________________

La révision 1

La révision

- Les parties du corps
- Les activités quotidiennes
- Les accessoires
- Les émotions
- Les fruits et les légumes
- Les produits laitiers
- Les viandes et substituts
- Les céréales

A. Encerclez la bonne réponse.

Circle the correct answer.

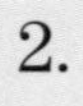

1. 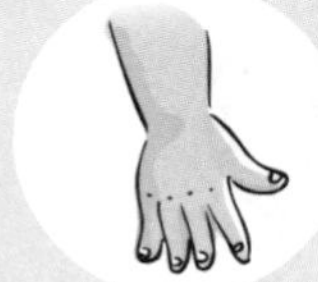

Je porte ____________ .

A. un collier B. une écharpe C. des lunettes

2. 

Voilà ____________ .

A. mes yeux B. mes doigts C. mon visage

3. 

Le chat ____________ .

A. sommeillent B. dessine C. sommeille

4. 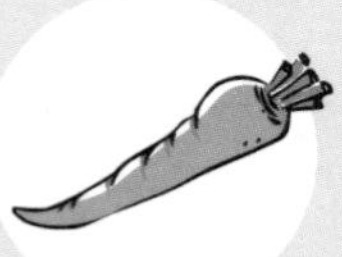

La fille est ____________ .

A. contente B. gentil C. fatiguée

5. 

____________ pousse sous la terre.

A. La carotte B. La fraise C. Les raisins

6.

Je mange ____________ .

A. pain B. du pain C. le lait

7. ____________ est un produit laitier.

A. Le maïs B. La crème glacée C. L'œuf

8. Ce sont ____________ dents.

A. ta B. notre C. ses

9. Je ____________ avec mes yeux.

A. dansent B. pense C. regarde

10. Je bois ____________ au déjeuner.

A. du lait B. du canard C. des crevettes

11. ____________ bague (f.) préférez-vous?

A. Quels B. La C. Quelle

12. Un homme a deux ____________ et dix ____________ .

A. yeux; cheveux B. épaules; orteils C. doigts; jambes

13. ____________ est vert.

A. La tomate B. La fraise C. Le concombre

14. ____________ est un fruit de mer.

A. Les pâtes B. Le gruau C. Le poisson

15. ____________ et heureux sont des synonymes.

A. Content B. Fatiguée C. Effrayé

16. Nous ____________ à l'école.

A. rêvons B. dansons C. étudions

B. Remplissez les tirets pour écrire le nom des objets.
Fill in the blanks to write the names of the objects.

A l__s s__ __r__ __l__

B s__n __ __ __l

C le__ c__ __v__ __ __

D u__ __ __on__ __ __

E l__ ba__ __ __

F __n br__ __ __let

G l__ f__ __m__ __ __

H l__ r__ __

I l__ __ __i__ __e

J l__ p__ __l__ __

K un __ __ __ __ __ __

L __'__r__n__ __

M un __ __ __s__n

N u__ __ g__ __fr__

O l__ cr__m__ fo__ __t__é__

P l__s __e__ __s

Q l__ __ b__ __c__ __t__

C. Mettez la bonne lettre dans le cercle.
Put the correct letter in the circle.

Tu...

J'aime...

Il porte...

J'écoute avec...

Voilà ma...

Alice est...

Paul est...

Moi et Julie,...

Nous mangeons...

Une pomme pousse...

Le pluriel d'« un chapeau » est...

- **A** danser.
- **B** nous étudions.
- **C** des lunettes.
- **D** gentille.
- **E** pleures.
- **F** des chapeaux.
- **G** heureux.
- **H** mes oreilles.
- **I** de la crème glacée.
- **J** dans l'arbre.
- **K** sœur.

D. Écrivez la bonne lettre dans le cercle et complétez l'expression.
Write the correct letter in the circle and complete the expression.

1. Voilà mes chaussures!

A

B

C

2. La chienne est ____________ .

A content

B fatiguée

C drôle

3. Ce sont ____________ .

A une carotte

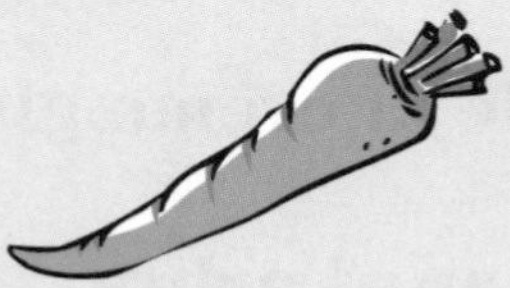

B des fraises

C une fraise

4. Je bois ____________ .

A du lait au chocolat

B une pomme

C le lait au chocolat

5. Quelle ____________ préférez-vous?

A saison (f.)

B fruit (m.)

C sport (m.)

6. Nous aimons ____________ .

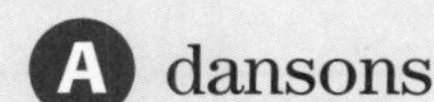
A dansons

B parler

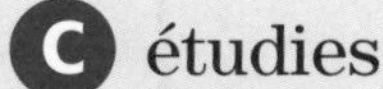
C étudies

7. un œil x 6 = ____________ .

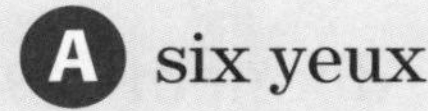
A six yeux

B 10 doigts

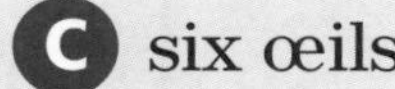
C six œils

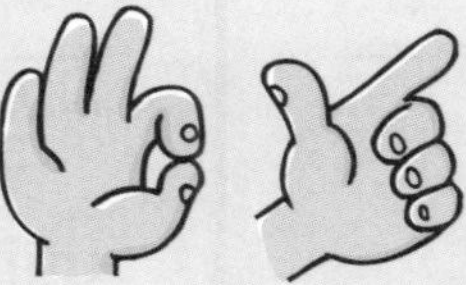

8. Tu portes tes ____________ .

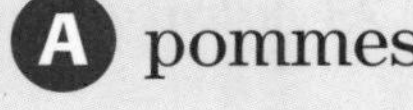
A pommes

B bague

C lunettes de soleil

Unité 9

Les nombres : de 1 à 69

Numbers: 1 to 69

Un est plus grand que deux!
euhn eh plew graan kuh duh
One is bigger than two!
plus grand

Vocabulary: Numbers: 1 to 69

Expressions: « ...est plus grand/plus petit que... »
"...is bigger/smaller than..."

A. Copiez les mots et remplissez les tirets où nécessaire.

Copy the words and fill in the blanks where necessary.

un 1 __________ *euhn*	six 6 __________ *seess*	onze 11 __________ *ohnz*	seize 16 __________ *sehz*
deux 2 __________ *duh*	sept 7 __________ *seht*	douze 12 __________ *dooz*	dix-sept 17 __________ *dees·seht*
trois 3 __________ *trwah*	huit 8 __________ *weet*	treize 13 __________ *trehz*	dix-huit 18 __________ *deez·weet*
quatre 4 __________ *kahtr*	neuf 9 __________ *nuh*	quatorze 14 __________ *kah·tohrz*	dix-neuf 19 __________ *deez·nuhf*
cinq 5 __________ *sahnk*	dix 10 __________ *deess*	quinze 15 __________ *kahnz*	vingt 20 __________ *vahn*

20
vingt
____
vahn

vingt et u__ 21 *vahn teh euhn*	vingt-de__x 22 *vahnt·duh*	vingt-tr__ __s 23 *vahnt·trwah*
vingt-q__ __tr__ 24 *vahnt·kahtr*	vingt-c__ __ __ 25 *vahnt·sahnk*	vingt-s__ __ 26 *vahnt·seess*
vingt-s__ __t 27 *vahnt·seht*	vingt-h__ __t 28 *vahnt·weet*	vingt-__ __ __f 29 *vahnt·nuhf*

Follow the same format as the 20's for numbers 30 to 69. Just replace "vingt" with "trente, quarante, cinquante, soixante".

30 trente ______ *traant*	trente et ______	______	______
	31 *traant eh euhn*	32 *traant duh*	33 *traant trwah*
	______	______	______
	34 *traant kahtr*	35 *traant sahnk*	36 *traant seess*
	______	______	______
	37 *traant seht*	38 *traant weet*	39 *traant nuhf*

40 quarante ______ *kah·raant*	quarante ______	______	______
	41 *kah·raant eh euhn*	42 *kah·raant duh*	43 *kah·raant trwah*
	______	______	______
	44 *kah·raant kahtr*	45 *kah·raant sahnk*	46 *kah·raant seess*
	______	______	______
	47 *kah·raant seht*	48 *kah·raant weet*	49 *kah·raant nuhf*

50 cinquante ______ *sahn·kaant*	cinquante ______	______	______
	51 *sahn·kaant eh euhn*	52 *sahn·kaant duh*	53 *sahn·kaant trwah*
	______	______	______
	54 *sahn·kaant kahtr*	55 *sahn·kaant sahnk*	56 *sahn·kaant seess*
	______	______	______
	57 *sahn·kaant seht*	58 *sahn·kaant weet*	59 *sahn·kaant nuhf*

60 soixante ______ *swah·saant*	soixante ______	______	______
	61 *swah·saant eh euhn*	62 *swah·saant duh*	63 *swah·saant trwah*
	______	______	______
	64 *swah·saant kahtr*	65 *swah·saant sahnk*	66 *swah·saant seess*
	______	______	______
	67 *swah·saant seht*	68 *swah·saant weet*	69 *swah·saant nuhf*

B. Remettez les nombres à la bonne place.
Put the numbers in the correct place.

vingt-cinq	dix	cinquante-huit	trente-quatre
quarante	vingt-deux	cinquante-neuf	trente
cinquante et un	seize	quarante-six	soixante-six

C. Écrivez les nombres qui manquent.
Write the missing numbers.

1. treize
quatorze
______
seize

2. dix
vingt
trente
______

3. ______
six
sept
huit

4. cinquante-quatre
cinquante-cinq
cinquante-six

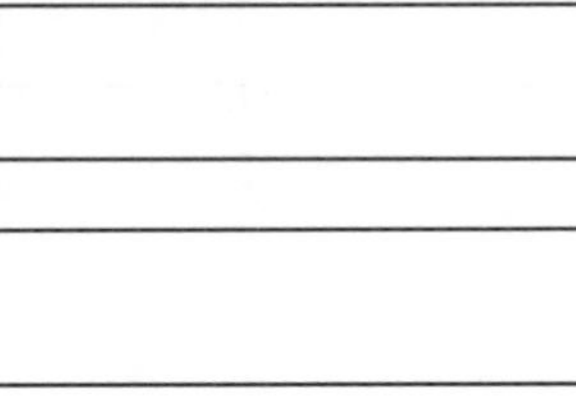

5.

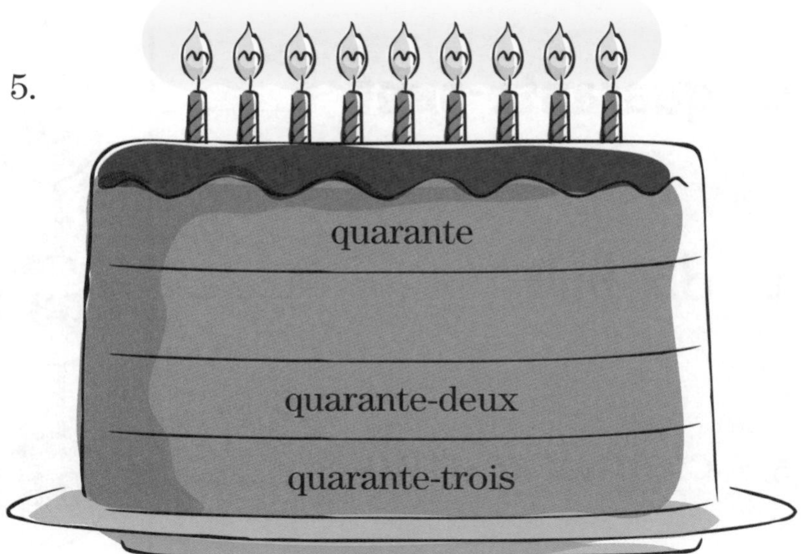

6.

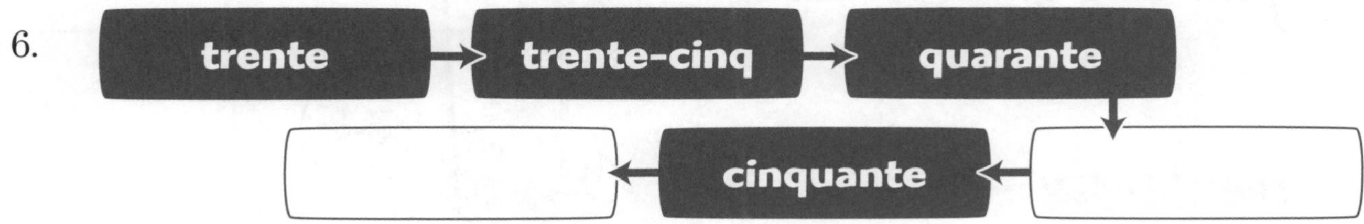

7.

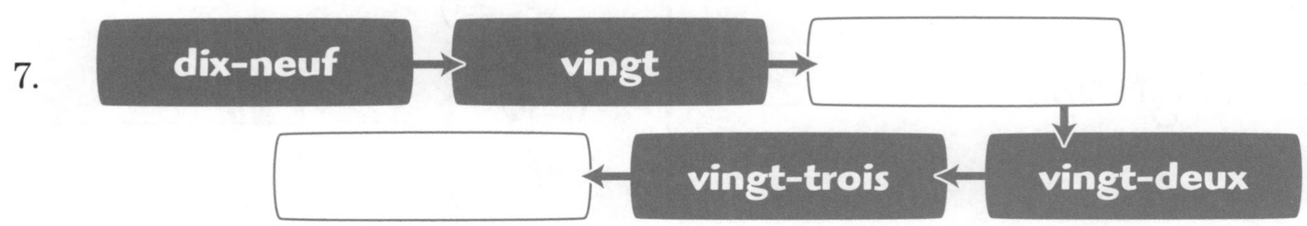

D. Écrivez les nombres en chiffres dans la colonne à gauche et ceux dans la colonne à droite en lettres.

Write the numbers in the left column in digits and the ones in the right column in words.

1. neuf ______

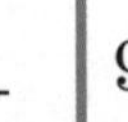

2. cinquante ______

3. quarante-sept ______

4. dix-huit ______

5. cinquante-trois ______

6. quarante-quatre ______

7. trente-six ______

8. vingt-cinq ______

9.

55 ____________________

48 ____________________

26 ____________________

53 ____________________

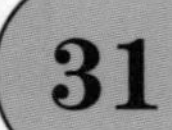

31 ____________________

39 ____________________

____

Expressions

En anglais :
In English

"...is bigger than..."
"...is smaller than..."

En français :
In French

« ...est plus grand que... »
eh plew graan kuh

« ...est plus petit que... »
eh plew puh·tee kuh

Le numéro neuf est plus grand que le numéro deux!
luh new·meh·roh nuhf eh plew graan kuh luh new·meh·roh duh
Number nine is bigger than number two!

E. Encerclez la bonne réponse.
Circle the correct answer.

1. **Quatre** / **Quarante** est plus grand que ***quatorze***.
2. **Quarante-sept** / **Huit** est plus petit que ***neuf***.
3. **Cinquante** / **Cinq** est plus petit que ***quinze***.

F. Traduisez les phrases en français. Écrivez les nombres en lettres.
Translate the sentences into French. Write the numbers in words.

1. 23 is bigger than 13.

____

2. 52 is bigger than 25.

____

3. 16 is smaller than 60.

____

Unité 10

La quantité et les équations

Quantity and Equations

Je suis très riche!
juh swee treh reesh
I am very rich!

Vocabulary: Words for equations and quantity

Grammar: Adverbs of quantity

Expressions: « Combien font...et... ? »
"How many does...and...make?"
« ...et...font... »
"...and...make..."

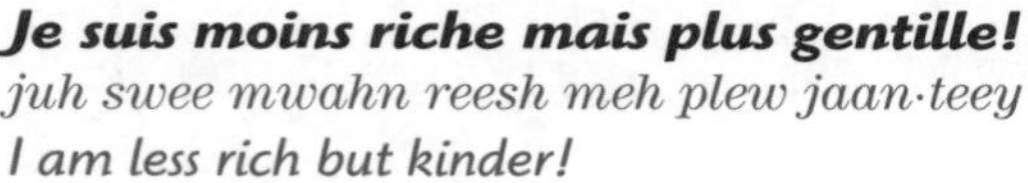

Je suis moins riche mais plus gentille!
juh swee mwahn reesh meh plew jaan·teey
I am less rich but kinder!

A. Copiez les mots.
Copy the words.

les nombres
the numbers
____
leh nohmbr

les chiffres
the digits
____
leh sheefr

l'addition addition
____
lah·dee·syohn

plus
plus
____
plews

la somme
the sum
____
lah sohm

la soustraction subtraction
____
lah soos·trahk·syohn

moins
minus
____
mwahn

la différence
the difference
____
lah dee·feh·raans

12 − 4 = 8

additionner (v.)
to add
____
ah·dee·syohn·neh

égaler (v.)
to equal
____
eh·gah·leh

le signe égal
equal sign
____
luh seeny eh·gahl

B. Mettez les lettres dans le bon ordre pour écrire le mot correspondant.
Put the letters in the correct order to write the corresponding word.

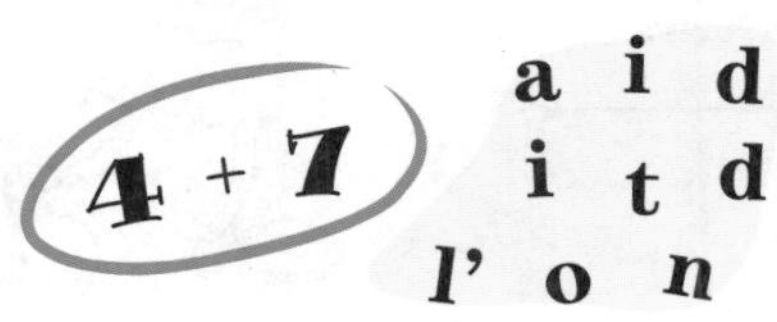

1. ____________________

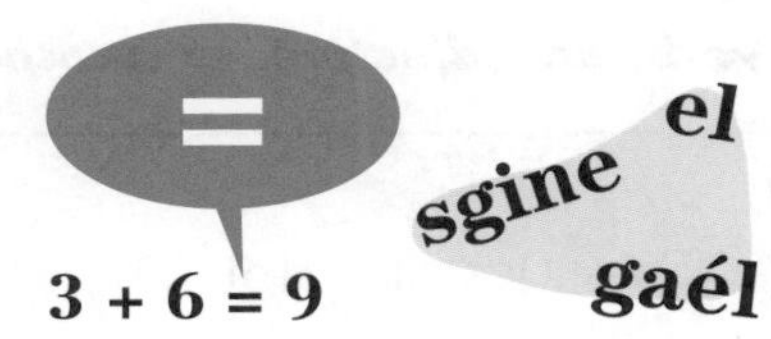

2. ____________________

5 + 4 = 9

s o m
e a
m l

3. ____________________

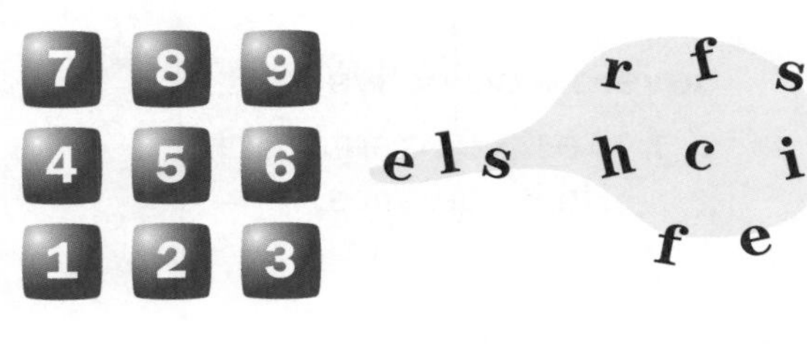

4. ____________________

5. ____________________

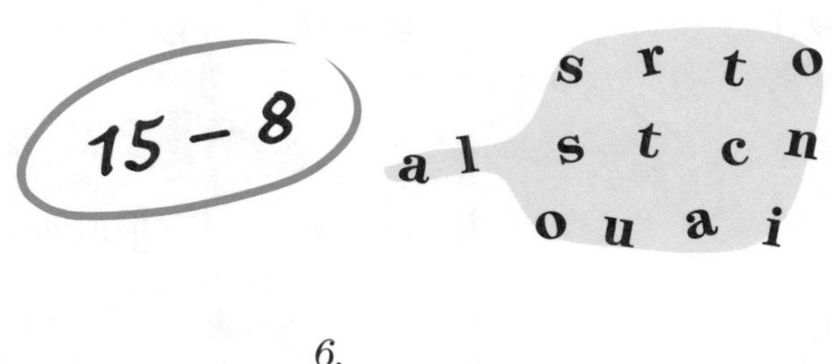

6. ____________________

7. ____________________

C. Classez les équations.
Sort the equations.

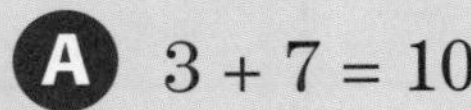

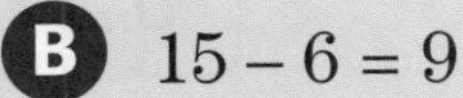

C $6 - 1 = 5$

D $8 + 3 = 11$

E $8 + 8 = 16$

F $4 + 1 = 5$

l'addition: ____________________

la soustraction: ____________________

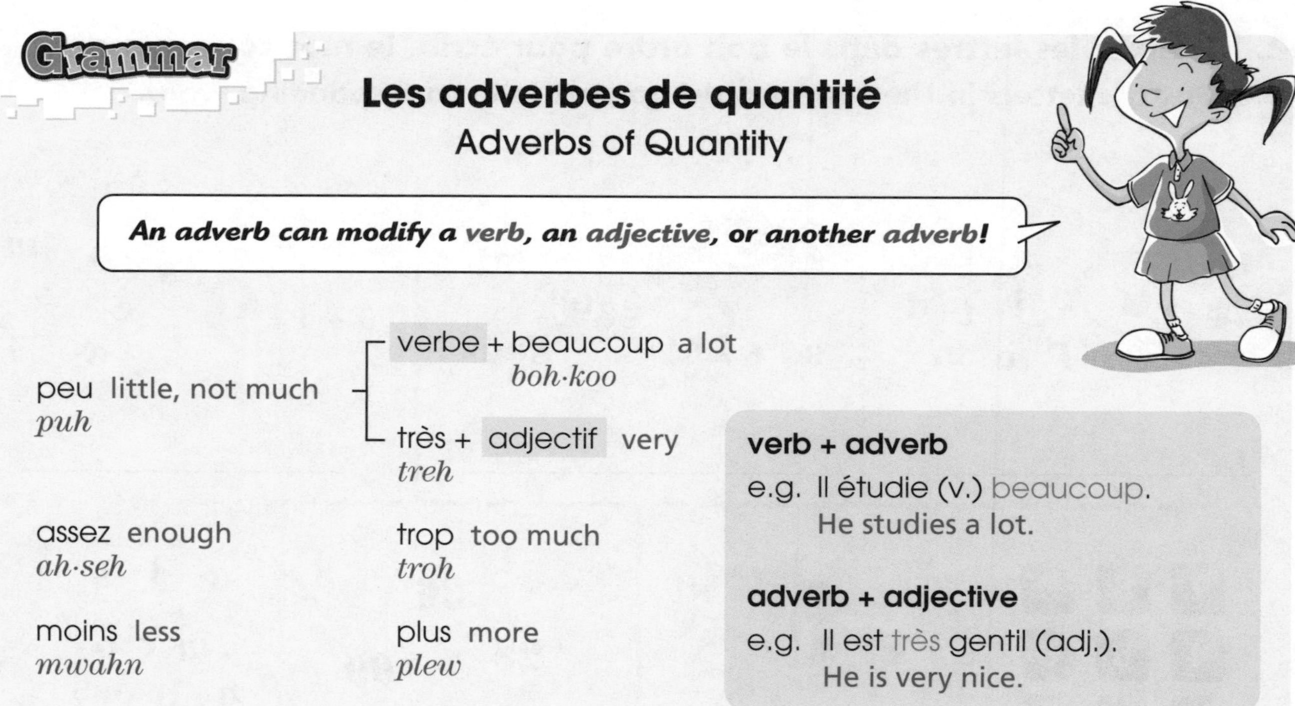

Grammar

Les adverbes de quantité
Adverbs of Quantity

An adverb can modify a verb, an adjective, or another adverb!

peu little, not much
puh
- verbe + beaucoup a lot *boh·koo*
- très + adjectif very *treh*

assez enough
ah·seh

trop too much
troh

moins less
mwahn

plus more
plew

verb + adverb
e.g. Il étudie (v.) beaucoup.
He studies a lot.

adverb + adjective
e.g. Il est très gentil (adj.).
He is very nice.

D. Remplissez les tirets avec le bon adverbe.
Fill in the blanks with the correct adverbs.

1. Je mange ________________ .
   too much

2. Nous nageons ________________ en hiver.
   little, not much (adv.)

3. 7 est ________________ ________________ que 8.
   smaller: more (adv.) small (adj.)

4 Le chien est ________________ drôle.
   very (adv.)

5. Alice est ________________ ________________ que Lucie.
   more (adv.) tired (adj.)

6. Il mange ________________ parce qu'il a ________________ faim.
   a lot (adv.) very (adv.) hungry (adj.)

adverb + adjective

Elles sont peu / très / trop / plus / assez / moins gentilles.

These adverbs can modify all the adjectives introduced in Unit 4.

Expressions

"Égaler" is a verb of the 1st group and it has to be used with the correct ending.

"Plus" and "moins" are used when reading an equation out loud.

En anglais : **In English**	En français : **In French**
"...plus...equals..."	« ...plus...égalent... » *...plews...eh·gahl...*
"...minus...equals..."	« ...moins...égalent... » *...mwahn...eh·gahl...*

Trois plus quatre égalent sept.
trwah plew kahtr ehgahl seht
Three plus four equals seven.

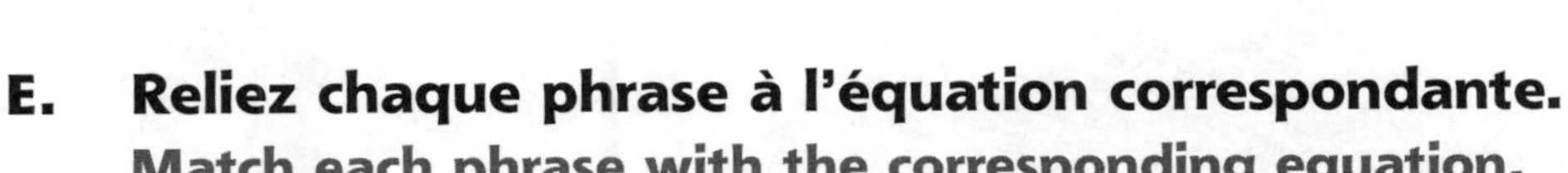

E. Reliez chaque phrase à l'équation correspondante.
Match each phrase with the corresponding equation.

◯ Seize plus quatre égalent vingt.

◯ Cinq plus six égalent onze.

◯ Neuf moins trois égalent six.

◯ Quarante moins quatorze égalent vingt-six.

◯ Cinquante plus quinze égalent soixante-cinq.

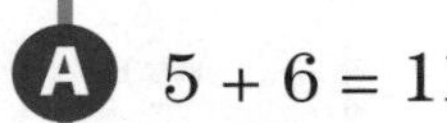

A $5 + 6 = 11$

B $50 + 15 = 65$

C $40 - 14 = 26$

D $16 + 4 = 20$

E $9 - 3 = 6$

F. Mettez les phrases en équation.
Write the equation for each sentence.

1. Trente moins trois égalent vingt-sept. ____________________
2. Douze plus six égalent dix-huit. ____________________
3. Soixante moins seize égalent quarante-quatre. ____________________

G. Écrivez une équation pour chaque image, d'abord en mots, ensuite en chiffres.

Write an equation for each picture, first in words and then in numbers.

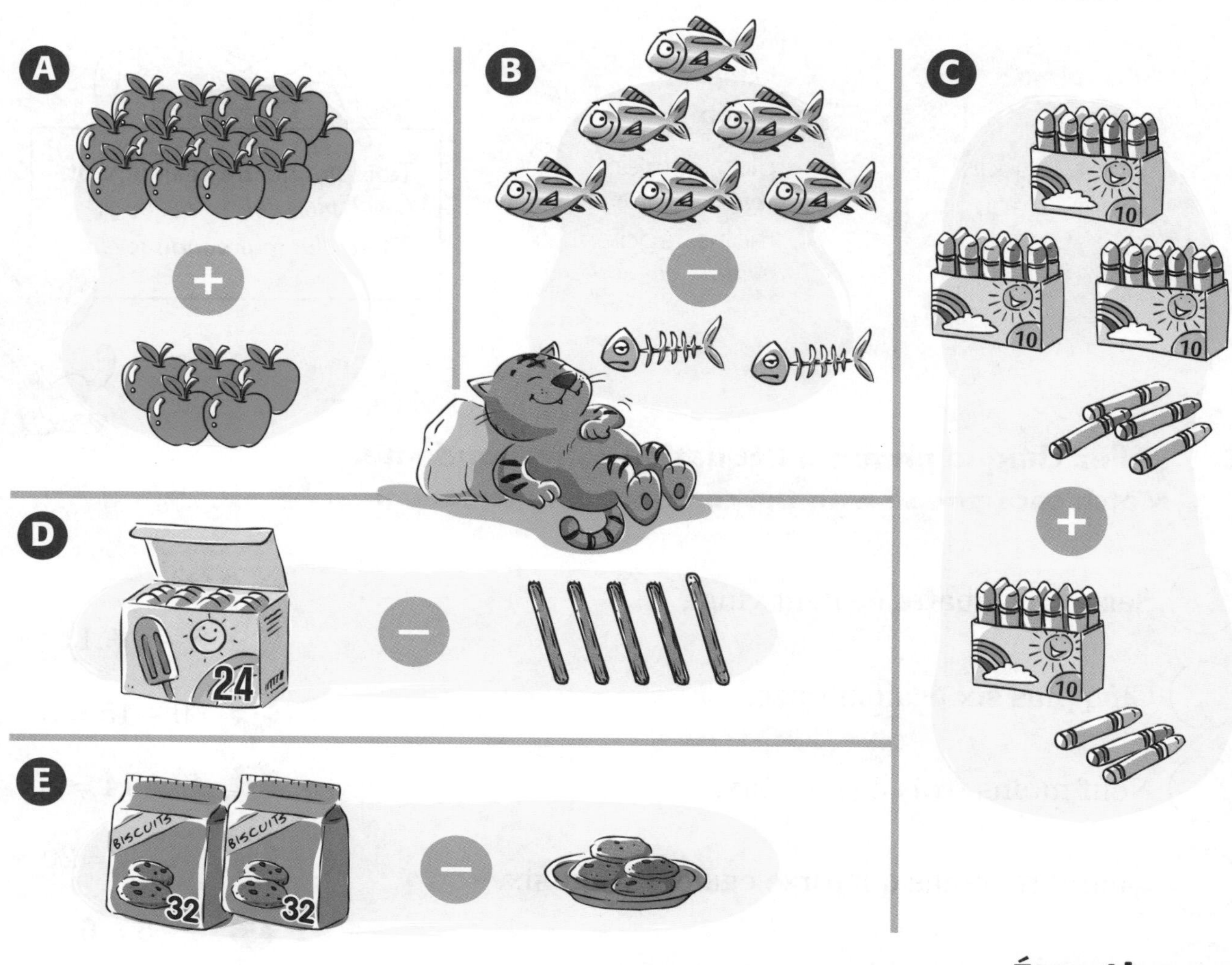

Équations :

A Treize plus ______________ égalent ______________ . ______________

B Six moins ______________________________ . ______________

C ______________________________ ______________

D ______________________________ ______________

E ______________________________ ______________

En anglais :
In English

"How many does... and...make?"

En français :
In French

« Combien font... et...? »
kohm·byahn fohn

Another way to express addition is to use "et" instead of "plus".

Combien font trois et deux?
kohm·byahn fohn trwah eh duh
How many does three and two make?
Trois et deux font cinq!
trwah eh duh fohn sahnk
Three and two makes five!

H. Pour chaque image, demandez la somme dans une question et donnez la réponse.
For each picture, ask about the sum and give the answer.

1. 

Combien ______________________________?

____

2. 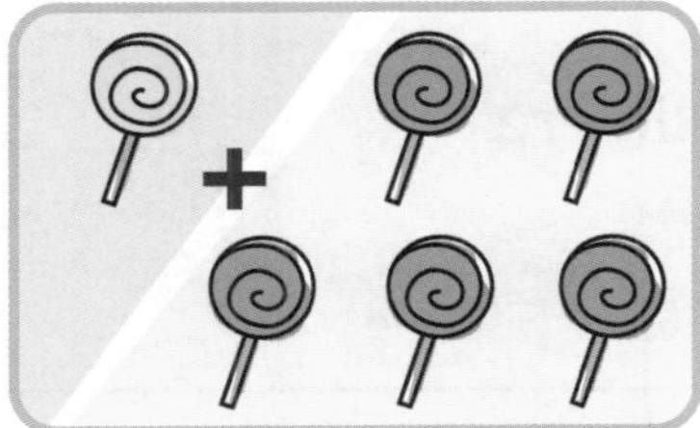

____

____

3. 

____

____

Unité

11 Les métiers

Professions

Vocabulary: Words for common professions

Grammar: "Vous" as a polite form of "tu"

Expressions: « Il est (profession). »
"He is a (profession)."

Je suis médecin!
juh swee mehd·sahn
I am a doctor!

A. Copiez les mots.
Copy the words.

A
B
C
D
E
F

A un artiste

____

euhn ahr·teest

B une musicienne

____

ewn mew·zee·syehn

C une factrice

____

ewn fahk·treess

D une policière

____

ewn poh·lee·syehr

E un réalisateur

____

euhn reh·ah·lee·zah·tuhr

F une actrice

____

ewn ahk·treess

G un fermier

____

euhn fehr·myeh

H un boucher

____

euhn boo·sheh

I un avocat

____

euhn ah·voh·kah

J une enseignante

____

ewn aan·seh·nyaant

K un plombier

____

euhn plohm·byeh

L une médecin

____

ewn mehd·sahn

M un infirmier

____

euhn ahn·feer·myeh

N une pompière

____

ewn pohm·pyehr

O une charpentière

____

ewn shahr·paan·tyehr

P un boulanger

____

euhn boo·laan·jeh

Q une dentiste

____

ewn daan·teest

B. Écrivez le nom du métier correspondant.
Write the name of the corresponding profession.

A

B

C

D

E

F

G

H

A ____________________ B ____________________

C ____________________ D ____________________

E ____________________ F ____________________

G ____________________ H ____________________

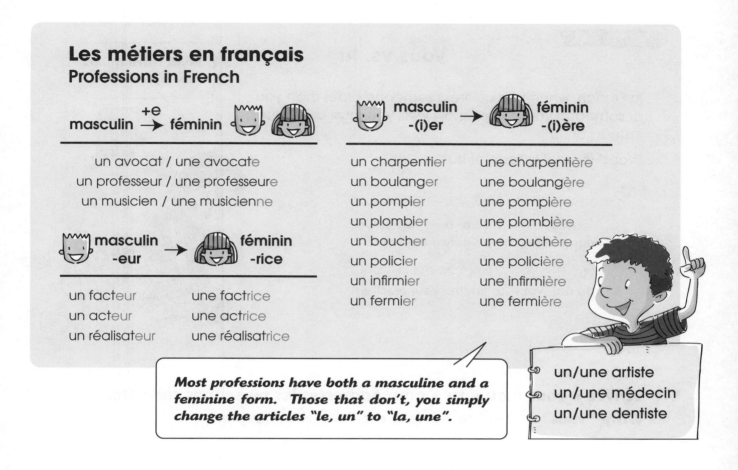

Les métiers en français
Professions in French

masculin —+e→ **féminin**

un avocat / une avocate
un professeur / une professeure
un musicien / une musicienne

masculin -eur → **féminin -rice**

un facteur	une factrice
un acteur	une actrice
un réalisateur	une réalisatrice

masculin -(i)er → **féminin -(i)ère**

un charpentier	une charpentière
un boulanger	une boulangère
un pompier	une pompière
un plombier	une plombière
un boucher	une bouchère
un policier	une policière
un infirmier	une infirmière
un fermier	une fermière

Most professions have both a masculine and a feminine form. Those that don't, you simply change the articles "le, un" to "la, une".

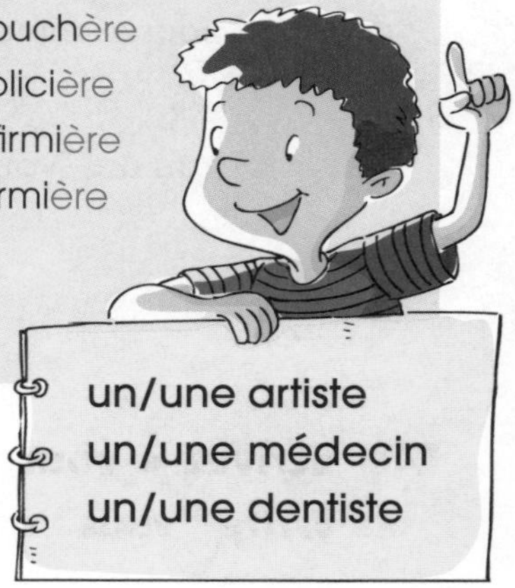

un/une artiste
un/une médecin
un/une dentiste

C. Indiquez le genre de chaque métier en le reliant à la bonne image. Ensuite écrivez le genre opposé.

Indicate the gender of each word by drawing a line to the correct person. Then give the opposite gender of each word.

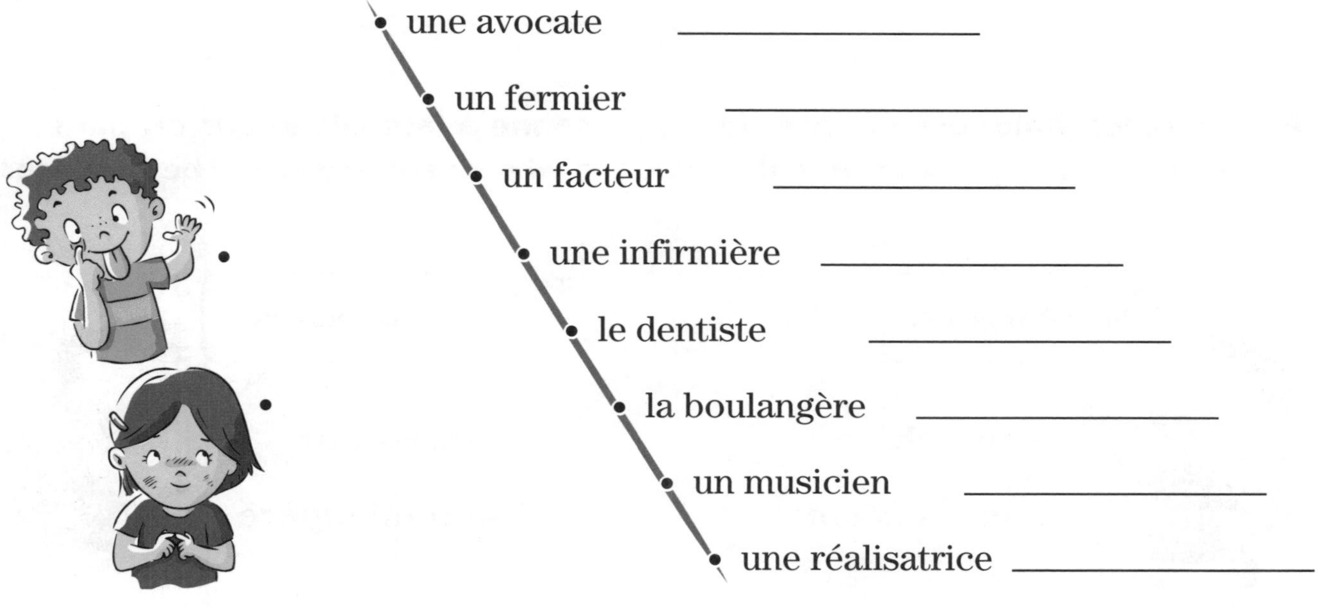

Vous vs. tu

In French, when you address someone older than you or someone you do not know well, you must use "vous" instead of "tu".

"Vous" is a polite form of "tu".

"vouvoyer" = a verb used when you address someone politely using "vous"

e.g. Vous vouvoyez vos enseignants.
You use "vous" to address your teachers.

Voilà votre dîner!
Here is your lunch!
CHARLIE

D. Écrivez « vous » ou « tu » pour addresser les personnes suivantes.
Write "vous" or "tu" to address the following people.

1. your sister ________
2. the mail carrier ________
3. your doctor ________
4. your mom ________
5. your teacher ________
6. your cat ________

E. Lisez les dialogues et encerclez la personne à laquelle le garçon parle.
Read the dialogue and circle the person to whom each boy would be speaking.

1.

son chien

son médecin

2.

Tu es heureuse.

sa sœur

sa boulangère

Expressions

In French, when you want to tell someone's profession, you leave out the article: "un/une ; le/la".

En anglais :
In English
"He/she is a ________ ."
profession
e.g. He is a baker.

En français :
In French
« Il/elle est ________ . »
métier
e.g. Il est boulanger.

Attention!

Monsieur [M.] *Mister, Sir*
muh·syuh

Madame [Mme] *Madam*
mah·dahm

Mademoiselle [Mlle] *Miss*
mahd·mwah·zehl

Bonjour Mademoiselle!
bohn·joor mahd·mwah·zehl
Hello miss!
Je suis musicien.
juh swee mew·zee·syahn
I'm a musician.
Bonjour Monsieur!
bohn·joor muh·syuh
Hello sir!
Je suis artiste.
juh swee zahr·teest
I'm an artist.

F. Complétez chaque phrase avec le bon métier.

Complete each sentence with the correct form of the profession.

1. M. Le Blanc est ____________________ .
2. Mme Dubois est ____________________ .
3. Mlle Lucie est ____________________ .
4. M. Le Blanc et M. Laurent sont ____________________ .
5. Mme Dubois et Mlle Lucie sont ____________________ .
6. M. Laurent et Mme Dubois sont ____________________ .

Unité

12 En ville

In the City

Vocabulary: Words related to the city

Grammar: Qualifying adjectives

Regardez, c'est une grande gare!
ruh·gahr·deh seht ewn graand gahr
Look, it's a big train station!

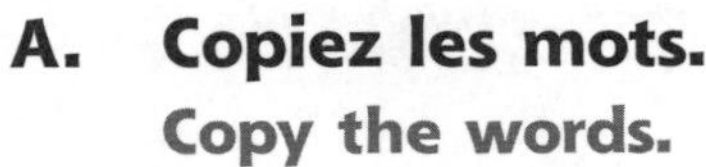

A. Copiez les mots.
Copy the words.

une ville

a city

____

ewn veel

une rue

a street

____

ewn rew

un bâtiment

a building

____

euhn bah·tee·maan

une autoroute

a highway

____

ewn oh·toh·root

une voiture

____

ewn vwah·tewr

un camion

____

euhn kah·myohn

un autobus

____

euhn oh·to·bews

une bicyclette

____

ewn bee·see·kleht

un taxi

____

euhn tahk·see

un train

____

euhn trahn

le métro

luh meht·roh

la gare

lah gahr

l'église

lehg·leez

l'école

leh·kohl

le musée

luh mew·zeh

l'hôpital

loh·pee·tahl

l'aéroport

lah·eh·roh·pohr

le cinéma

luh see·neh·mah

le restaurant

luh rehs·toh·raan

l'hôtel

loh·tehl

l'épicerie

leh·peess·ree

la boulangerie

lah boo·laan·jree

la boucherie

lah boosh·ree

la banque

lah baank

le parc

luh pahrk

le dépanneur
the convenience store

luh deh·pah·nuhr

le supermarché
the supermarket

luh sew·pehr·mahr·sheh

la gendarmerie
the police station

lah jaan·dahr·muh·ree

la station-service
gas station

lah stah·syohn·sehr·vees

le magasin
the store

luh mah·gah·zahn

la pharmacie
the pharmacy

lah fahr·mah·see

B. Écrivez le nom de l'établissement correspondant à chaque image.
Write the name of the establishment corresponding to each picture.

le cinéma | l'église | l'hôpital | la boulangerie | le musée
l'aéroport | la gendarmerie | l'épicerie | le parc

1. 

____

2. 

____

3. 

____

4. 

____

5. 

____

6. 

____

7. 

____

8. 

____

9. 

____

C. Rayez les mots qui n'appartient pas.
Cross out the words that do not belong.

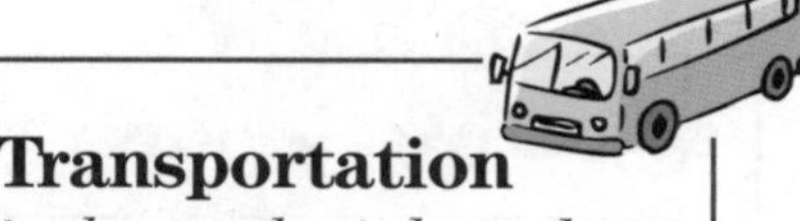

Transportation
trahns·pohr·tah·syohn
Transportation

le vélo
l'épicerie
le taxi
le camion
l'hôtel

Loisirs
lwah·zeer
Leisure

le cinéma
le magasin
l'autobus
le parc
la banque

Services publics
sehr·vees pewb·leek
Public Services

le métro
la ville
l'hôpital
la banque
la gendarmerie
l'école

D. Écrivez le nom de l'établissement où vous trouvez ces objets.
Write the names of the places where you find these objects.

1.

____

2.

____

3.

____

4.

____

5.

____

Les adjectifs qualificatifs

Qualifying Adjectives

The following adjectives always come **before** the noun, and like all other adjectives, they must agree in gender (m./f.) and number (sg./pl.) with the noun they describe.

adjective	noun

Don't forget that in French, the letter "h" often acts as a vowel. Homme, hôtel, and hôpital all start with a vowel.

	(m.)	(f.)
big	grand	grande
small	petit	petite
good	bon	bonne
bad	mauvais	mauvaise
old	*vieux (vieil)	vieille
young	jeune	jeune
new	*nouveau (nouvel)	nouvelle
pretty	joli	jolie
handsome/ beautiful	*beau (bel)	belle

* When describing a masculine singular noun that starts with a vowel, these adjectives take the form in the brackets.

e.g. un vieil homme
an old man

E. Remplissez les tirets avec la bonne forme de l'adjectif.

Fill in the blanks with the correct form of the adjectives.

1. un ______________ (new) vélo
2. une ______________ (small) rue
3. un ______________ (new) hôpital
4. un ______________ (bad) stylo
5. une ______________ (good) chienne
6. un ______________ (handsome) homme
7. une ______________ (old) bicyclette
8. un ______________ (old) hôtel
9.

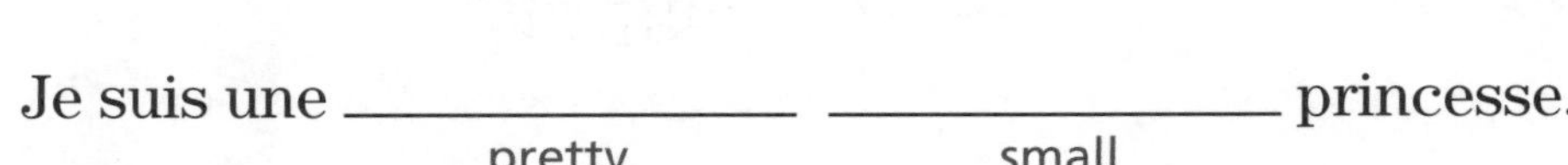

Je suis une ______________ ______________ princesse.
pretty small

F. Encerclez la bonne réponse. Ensuite traduisez la phrase en anglais.
Circle the correct answer. Then translate the sentence into English.

1. Voilà une **bel** / **belle** ville. ______________________

2. Voilà le **grand** / **grande** camion. ______________________

3. Voici un **jeune** / **jeunes** garçon. ______________________

4. Voici un taxi **jaune** / **jaunes**.

____

N'oubliez pas!
Don't forget!

jeune (m./f.)	jaune (m./f.)
young	*yellow*
adjective **before** the noun	adjective **after** the noun
e.g.	e.g.
un jeune homme	un ballon jaune
a young man	*a yellow ball*

G. Mettez les mots dans le bon ordre.
Put the words in the correct order.

1. jeune / la / fille

____

2. banane / une / jaune

____

3. vieux / un / cinéma

____

4. chatte / Une / mauvaise

____

A bad cat!

5. un / hôpital / vieil

____

6. petite / pomme / une

____

Unité

13 La nature

Nature

Vocabulary: Words related to nature

Expressions: « ...se trouve/trouvent dans... »

"... is found/are found in..."

Les chameaux se trouvent dans le désert.
leh shah·moh suh troov daan luh deh·zehr
Camels are found in the desert.

A. Copiez les mots.

Copy the words.

la nature nature

____

lah nah·tewr

le ciel the sky

____

luh syehl

la terre the earth

____

lah tehr

une plante a plant

____

ewn plaant

l'océan the ocean

____

loh·seh·aan

l'eau water

____

loh

un hippocampe a sea horse

____

euhn ee·poh·kaamp

la montagne the mountain

____

lah mohn·tahny

une chèvre a goat

____

ewn chehvr

la vallée the valley

____

lah vah·leh

la jungle the jungle

____

lah juhngl

un perroquet a parrot

____

euhn peh·roh·keh

la mousse moss

____

lah moos

une île an island

____

ewn eel

un palmier a palm tree

____

euhn pahlm·yeh

une tortue a turtle

____

ewn tohr·tew

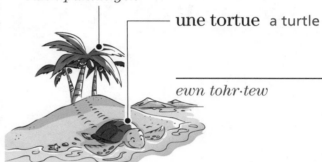

la forêt the forest

____

lah foh·reh

un hibou an owl

____

euhn ee·boo

un sapin a fir tree

____

euhn sah·pahn

une feuille a leaf

____

ewn fuhy

le désert the desert

____

luh deh·zehr

un cactus a cactus

____

euhn kahk·tews

un chameau a camel

____

euhn shah·moh

le sable the sand

____

luh sahbl

B. Utilisez la clé pour trouver les mots. Ensuite reliez le mot à l'image correspondant.

Use the key to find the words. Then match the words with the corresponding pictures.

la clé:

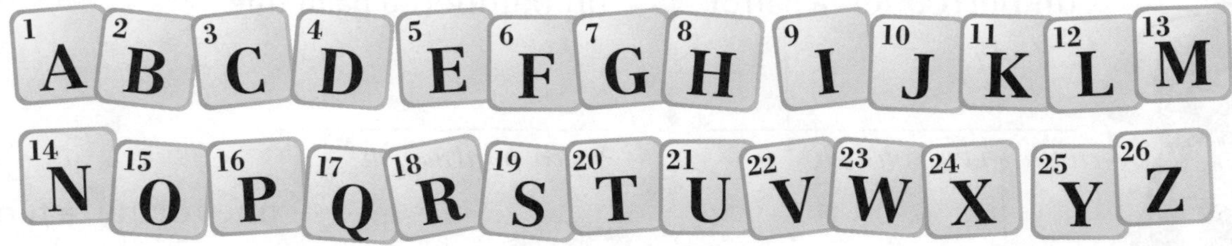

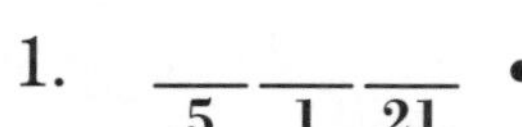

1. ___ ___ ___ •
   5 1 21

2. ___ ___ ___ •
   9 12 5

3. ___ ___ ___ ___ •
   3 9 5 12

4. ___ ___ ___ ___ ___ •
   19 1 16 9 14

5. ___ ___ ___ ___ ___ ___ •
   3 8 5 22 18 5

6. ___ ___ ___ ___ ___ ___ •
   13 15 21 19 19 5

7. ___ ___ ___ ___ ___ ___ ___ •
   3 8 1 13 5 1 21

8. ___ ___ ___ ___ ___ ___ ___ ___ •
   13 15 14 20 1 7 14 5

C. Encerclez l'habitat des animaux et des plantes suivants.
Circle the habitat of the animals and plants below.

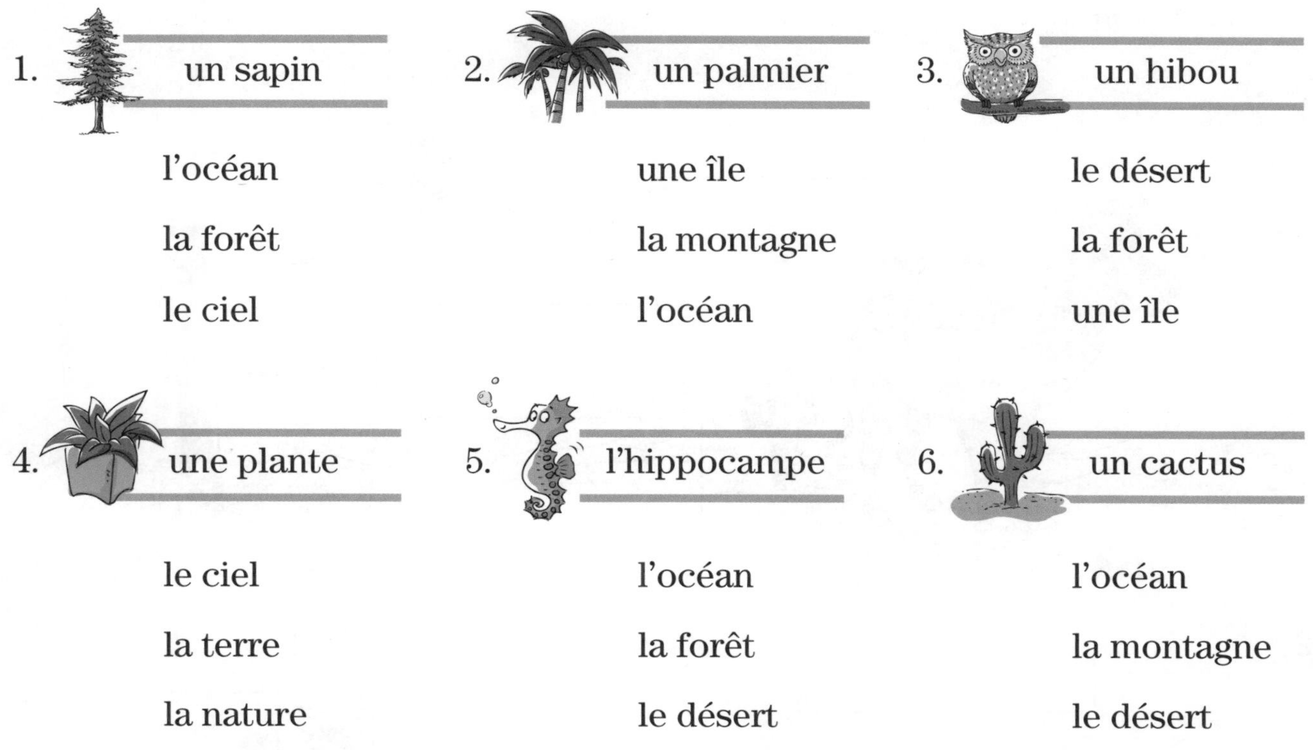

1. un sapin
   - l'océan
   - la forêt
   - le ciel

2. un palmier
   - une île
   - la montagne
   - l'océan

3. un hibou
   - le désert
   - la forêt
   - une île

4. une plante
   - le ciel
   - la terre
   - la nature

5. l'hippocampe
   - l'océan
   - la forêt
   - le désert

6. un cactus
   - l'océan
   - la montagne
   - le désert

D. Mettez les lettres dans le bon ordre. Ensuite trouvez le objet dans l'image et écrivez la lettre correspondante.
Put the letters in the correct order. Then find the object in the picture and write the corresponding letter.

1. basle ◯ ____________
2. actucs ◯ ____________
3. hamacue ◯ ____________
4. elci ◯ ____________
5. aue ◯ ____________

A B C D E

E. Écrivez le nom de chaque animal/plante à côté de leur image. Ensuite écrivez le nom de leur habitat sur le panneau.

Write the name of the animal/plant beside each picture. Then write its habitat on the board.

Expressions

En anglais :
In English

"...is found in..."
"...are found in..."

En français :
In French

« ...se trouve dans... »
« ...se trouvent dans... »
se troov daan

Le cactus se trouve dans le désert!
luh kahk·tews suh troov daan luh deh·zehr
The cactus is found in the desert!

F. Regardez les images et écrivez une phrase avec « ...se trouve/trouvent dans... » pour indiquer l'habitat de chaque objet.
Look at the pictures and write a sentence with "...se trouve/trouvent dans..." to indicate the habitat of each object.

A ____________ se trouvent dans ____________.

B ____________ se trouve dans ____________.

C ____________

D ____________

E ____________

Unité 14

Les expressions avec « avoir »

Expressions with "Avoir"

Vocabulary/Expressions: Expressions with « Avoir »

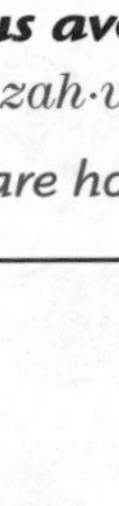

Nous avons chaud!
noo zah·vohn shoh
We are hot!

A. Copiez les mots.
Copy the words.

avoir raison
to be right

____
ah·vwahr reh·zohn

avoir soif
to be thirsty

____
ah·vwahr swahf

avoir chaud
to be hot

____
ah·vwahr shoh

avoir tort
to be wrong

____
ah·vwahr tohr

avoir faim
to be hungry

____
ah·vwahr fahm

avoir froid
to be cold

____
ah·vwahr frwah

avoir peur
to be scared

____
ah·vwahr puhr

avoir de la chance
to be lucky

____
ah·vwahr duh lah shaans

avoir l'air
to seem

____
ah·vwahr lehr

avoir honte
to be ashamed

____
ah·vwahr ohnt

avoir sommeil
to be sleepy

____
ah·vwahr soh·mehy

avoir du mal (à)
to have difficulty

____
ah·vwahr dew mahl

avoir mal (à)
to have a pain (in)

____
ah·vwahr mahl

avoir envie (de)
to feel like

____
ah·vwahr aan·vee

avoir l'habitude (de)
to be in the habit of

____
ah·vwahr lah·bee·tewd

avoir besoin (de)
to need

____
ah·vwahr buh·zwahn

avoir (nombre) ans
to be (number) years old

____
ah·vwahr aan

B. Écrivez les expressions en français.
Write the expressions in French.

1. to be thirsty ______________________
2. to be ashamed ______________________
3. to have a pain (in) ______________________
4. to be six years old ______________________
5. to be right ______________________
6. to be wrong ______________________

« **Avoir** » au présent
To have

Remember to use the correct form of the verb "avoir" and the correct pronoun with each expression.

singular	plural
j'ai I have	nous avons we have
tu as you (sg.) have	vous avez you (pl.) have
il/elle a he/she has	ils/elles ont they (m./f.) have

When there is no personal pronoun, use... verb endings for

il m.sg.	a masculine noun/name
elle f.sg.	a feminine noun/name
ils m.pl.	groups with at least one masculine noun/name
elles f.pl.	groups of all feminine nouns/names

nous « ___ et moi » "___ and I"
vous « ___ et toi » "___ and you"

J'ai trois ans.
jeh trwah zaan
I'm three years old.

C. Donnez l'âge de chacun des personnages avec l'expression « avoir ___ ans ».
Write each person's age with the expression "avoir ___ ans".

1.

Tu – 13 ans

____

2. Jean – 32 ans ______________________

3. Vous – 14 ans ______________________

4. Marie – 6 ans ______________________

5. Mon frère et moi – 9 ans ______________________

6. Marc et Tom – 16 ans ______________________

7. Ma sœur et toi – 11 ans ______________________

D. Écrivez une phrase pour chaque image en utilisant l'une des deux expressions: « avoir faim/soif » et le bon pronom personnel.

Write a sentence for each picture using one of the two expressions: "avoir faim/soif" and the correct personal pronoun.

A Je

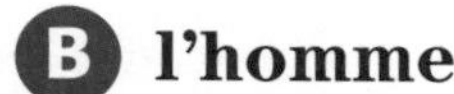

B l'homme

C le fermier

D Jill et toi

E les filles

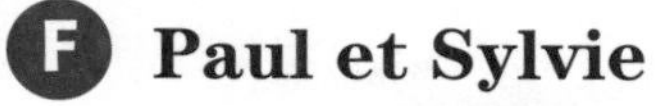

F Paul et Sylvie

G tu

H Paul

A J'ai ______________________ .

B ______________________

C ______________________

D ______________________

E ______________________

F ______________________

G ______________________

H ______________________

E. Écrivez ce dont chaque personne a besoin avec l'expression « avoir besoin de ».
Write what each person needs with the expression "avoir besoin de".

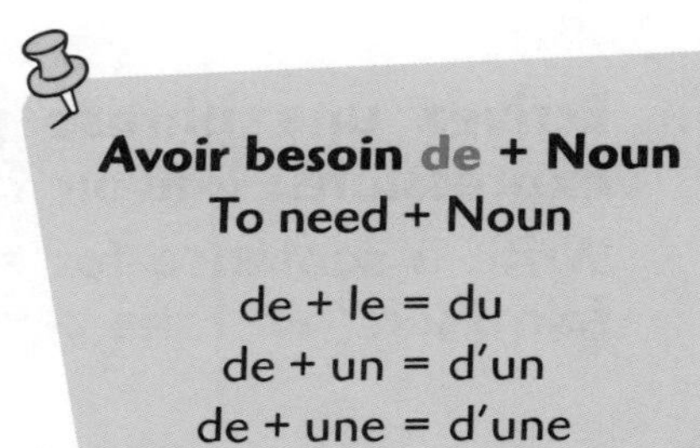

1. 

Mme Dubois a besoin ____________________.

2. 

____

3. 

____

4. 

____

5. 

____

6. 

____

F. Traduisez les phrases en français.
Translate the sentences into French.

Avoir l'air (+ Adj.)
e.g. Il a l'air **gentil**.

Avoir mal **à** (+ Nom du partie du corps)
e.g. J'ai mal aux **genoux**.

Avoir besoin **de** (+ Nom)
e.g. J'ai besoin de **chocolat**.

Avoir envie **de** (+ Infinitif)
e.g. J'ai envie de **jouer**.

Avoir l'habitude **de** (+ Infinitif)
e.g. J'ai l'habitude de **parler**.

Avoir du mal **à** (+ Infinitif)
e.g. J'ai du mal à **étudier**.

1. I am hot.

   ____

2. He is hungry.

   ____

3. She is right.

   ____

4. They are thirsty. (boys)

   ____

5. You are scared. (girls and boys)

   ____

6. We have difficulty sleeping. ______________________________
7. We are ashamed. ______________________________
8. She has a toothache. ______________________________
9. They (m.) feel like dancing. ______________________________
10. You (sg.) are cold! ______________________________
11. You (f.sg.) seem happy. ______________________________
12. I need some milk. ______________________________
13. Suzie has the habit of eating too much. ______________________________

Unité 15

Les prépositions et les conjonctions

Prepositions and Conjunctions

Vocabulary: Words for prepositions and conjunctions

Grammar: Using prepositions and conjunctions

Pierre?!

Nous sommes sous la table!
noo sohm soo lah tahbl
We are under the table!

A. Copiez les mots.
Copy the words.

Les prépositions

à to, in, at

____
ah

de of, from

____
duh

sur on

____
sewr

sous under

____
soo

devant in front of

____
duh·vaan

derrière behind

____
deh·ryehr

dans in, inside

____
daan

à côté de beside

____
ah coh·teh duh

autour de around

____
oh·toor duh

entre between

____
aantr

avec with

____
ah·vehk

sans without

____
saan

après after

____
ah·preh

avant before

____
ah·vaan

contre against

____
cohntr

Les conjonctions

et and

____
eh

ou or

____
oo

mais but

____
meh

puis then

____
pwee

parce que because

____
pahrs kuh

J'aime la crème glacée parce que c'est délicieux!
jehm lah krehm glah·seh pahrs kuh seh deh·lee·syuh
I love ice cream because it's delicious!

B. Regardez l'image et remplissez les tirets avec la bonne préposition.
Look at the picture and fill in the blanks with the correct prepositions.

C. Encerclez la préposition dans chaque phrase.
Circle the preposition in each sentence.

1. Le pain est sur la table.
2. Sarah est dans la maison.
3. Pierre est avec son père.
4. Je suis devant ma sœur.
5. Tu es contre le mur.
6. Nous sommes sans lunettes de soleil.
7. J'ai besoin de mon manteau au printemps.
8. Vous courrez autour de la maison.

D. Choisissez la bonne préposition.
Choose the correct preposition.

1. **à / de** Elle est ____________ la maison.

2. **contre / après** Je regarde la télévision ____________ l'école.

3. **avec / sur** Je danse ____________ mes amis.

4. **sous / entre** Le tapis est ____________ la table.

E. Traduisez les conjonctions en français.
Translate the conjunctions into French.

______ ______ ______ ______ ______

F. Remplissez les tirets avec la bonne conjonction à l'aide de la traduction.
Fill in the blanks with the correct conjunctions with the help of the English translation.

1. Marie sommeille ______ elle est fatiguée.
   Marie is napping because she is tired.

2. Cours à l'épicerie ______ achète des pommes!
   Run to the grocery store and buy some apples!

3. Marche avec moi ______ cours!
   Walk with me or run!

4. La graine est petite ______ la plante est grande.
   The seed is small but the plant is big.

5.

J'aime le poulet ______ le bœuf.
I like chicken and beef!

N'oubliez pas!
Don't forget!

parce que + words starting with a vowel = parce qu'
e.g. Il danse parce qu'il est content.
He is dancing because he is happy.

G. Complétez l'histoire de Marcel avec les prépositions ou les conjonctions qui conviennent.

Complete Marcel's story with the correct prepositions or conjunctions.

Marcel va ________ (to) l'école chaque jour ________ (at) 8 h 30. ________ (but) il ne mange jamais son déjeuner ________ (because) il aime dormir. Aujourd'hui, Charlie, le chien ________ (of) Marcel vient ________ (in) son lit ________ (with) une tranche ________ (of) pain ________ (in) sa bouche. ________ (but) Marcel ne veut pas se lever[1] ________ (before) 8 h 30! Charlie est ennuyé. Il commence[2] à courir ________ (around) de son lit. Marcel n'est pas content ________ (but) il doit se lever.

1. *se lever – to get up*
2. *commencer – to start*

H. Faites un dessin pour les phrases suivantes.

Draw a picture that illustrates the sentences below.

Tim est dans sa chambre.
Il est sous son lit.
Sa balle est sur son lit.

I. Regardez les images et complétez les phrases avec la bonne conjonction ou la bonne préposition.

Look at the pictures and complete the sentences with the correct conjunctions or prepositions.

1.

La chatte est ____________ la cage ____________ elle a peur du chien.

2.

Le chaton joue ____________ la boîte et ____________ la table. Le ballon est ____________ la table.

3.

14 h est deux heures ____________ midi. 23 h est une heure ____________ minuit. ____________ midi nous mangeons le dîner.

4.

Le cadeau est adressé ____________ Paul. Il est de la part ____________ Nicole.

The gift is addressed to Paul. It is from Nicole.

Unité 16

Le zoo

The Zoo

Vocabulary: Words related to the zoo

Grammar: La négation « ne...pas »

Je n'aime pas les koalas.
juh nehm pah leh koh·ah·lah
I don't like koalas.

A. Copiez les mots.

Copy the words.

le zoo the zoo	une cage a cage	un gardien de zoo (m.) une gardienne de zoo (f.) a zoo keeper
______ *luh zoh*	______ *ewn kahj*	______ *euhn gahr·dyahn duh zoh/ ewn gahr·dyehn duh zoh*

Les animaux à quatre pattes
Four-legged Animals

un guépard a cheetah	un jaguar a jaguar	une girafe a giraffe
______ *euhn geh·pahr*	______ *euhn jahg·wahr*	______ *ewn jee·rahf*
un lynx a lynx	un chameau a camel	une antilope an antelope
______ *euhn lahnks*	______ *euhn shah·moh*	______ *ewn ahn·tee·lohp*
un lion a lion	un lama a llama	un hippopotame a hippopotamus
______ *euhn lee·yohn*	______ *euhn lah·mah*	______ *euhn ee·poh·poh·tahm*

Les reptiles
Reptiles

une tortue
a turtle

ewn tohr·tew

un crocodile
a crocodile

euhn kroh·koh·deel

un serpent
a snake

euhn sehr·paan

une grenouille
a frog

ewn gruh·nweey

un lézard
a lizard

euhn leh·zahr

un caméléon
a chameleon

euhn kah·meh·leh·ohn

Les animaux nautiques
Sea Animals

un phoque
a seal

euhn fohk

un dauphin
a dolphin

euhn doh·fahn

une pastenague
a stingray

ewn pahs·tuh·nahg

Les oiseaux
Birds

*un héron
a heron

euhn eh·rohn

un pélican
a pelican

euhn peh·lee·kahn

*un hibou
an owl

euhn ee·boo

un flamant rose
a pink flamingo

euhn flah·maan rohz

un vautour
a vulture

euhn voh·toor

un aigle
an eagle

euhn ehgl

***** The "h" at the begining of "hibou/héron" is a consonant. ~~l'~~hibou → le hibou**

Les marsupiaux
Marsupials

un koala
a koala

euhn koh·ah·lah

un kangourou
a kangaroo

euhn kahn·goo·roo

Les ours
Bears

un ours
a bear

euhn oors

un panda
a panda

euhn paan·dah

B. Écrivez le nom de chaque animal.
Write the name of each animal.

1.

____

2.

____

3.

____

4.

____

5.

____

6.

____

7.
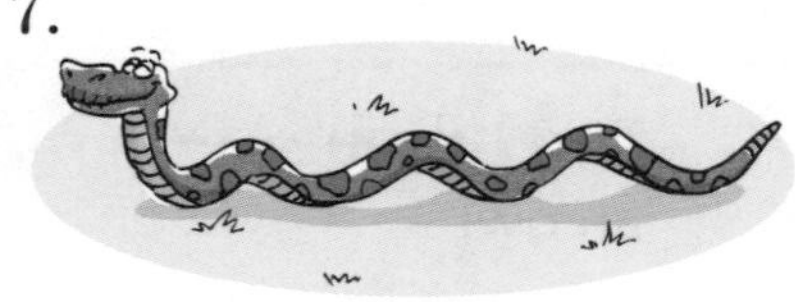

____

8.

____

9.

A ________________

B ________________

C ________________

D ________________

C. **Classifiez les animaux suivants selon la façon dont ils se déplacent.**
Classify the animals below according to the way they get around.

le chameau

la tortue

le pélican

la girafe

le vautour

le dauphin

le koala

la pastenague

le perroquet

l'ours

le phoque

le hibou

La négation : « ne...pas »

Negation

To make a sentence negative in French, the verb is put between the two negative adverbs "ne...pas".

e.g. Je suis un garçon. ➔ Je ne suis pas un garçon.
verb → verb
I am a boy. → I am not a boy.

- If the verb starts with a vowel, "ne" becomes "n'".

e.g. J'aime mon chien. ➔ Je n'aime pas mon chien.
I love my dog. → I don't love my dog.

When using "ne...pas", "ne" goes before the verb and "pas" goes after the verb.
ne verb pas

D. Mettez les mots dans le bon ordre pour écrire une phrase négative.
Put the words in the correct order to write a negative sentence.

1. ne / Tu / sommeilles / pas.

____

2. Il / ne / pas. / rêve

____

3. Elle / pas / est / artiste. / n'

____

4. n' / pas / Je / ai / chaud.

____

5. avons / pas / cinq / Nous / n' / ans.

____

6. sont / pas / Ils / ne / fâchés.

____

E. Encerclez la bonne phrase.

Circle the correct sentence.

1. Elle ne pleure pas.

   Elle pleure.

2. 

   Ils aiment leur voiture.

   Ils n'aiment pas leur voiture.

3. 

   Mon frère lit.

   Mon frère ne lit pas.

F. Écrivez les phrases au négatif.

Write the sentences in the negative.

1. J'ai sommeil. ______________________________

2. Ils ont tort. ______________________________

3. Vous êtes à l'hôpital. ______________________________

4. Ma sœur regarde la télé. ______________________________

5. Le chien rêve des chats. ______________________________

6. Luc va au magasin. ______________________________

7. Lucie et moi, nous étudions à la bibliothèque.

   ____

La révision 2

La révision

- Les nombres : de 1 à 69
- La quantité et les équations
- Les métiers
- En ville
- La nature
- Les expressions avec avoir
- Les prépositions et les conjonctions
- Le zoo

A. Encerclez la bonne réponse.
Circle the correct answer.

1. A. soixante crayons B. seize crayons C. six crayons

2. 14 est plus grand que ____________ .
   A. quarante-quatre B. quatre C. quantité

3. A. le signe égal B. la somme C. la soustraction

4. A. un boucher B. une bouchère C. un boulanger

5. A. une médecin B. une factrice C. un avocat

6. Il est un ____________ homme.
   A. vieux B. jeune C. vieil

7. Les enfants jouent dans ____________ .

A. l'hôpital B. le parc C. l'épicerie

8. J'ai mal au ventre et je vais ____________ .

A. le parc B. l'hôpital C. à l'hôpital

9. L' ____________ se trouve dans l'océan.

A. oiseau B. hippocampe C. hibou

10. La souris est ____________ le fromage.

A. sous B. dans C. derrière

11. J'ai besoin d'eau ____________ j'ai soif.

A. parce que B. mais C. et

12. Je donne une bague ____________ Marie.

A. de B. à C. après

13. ____________ est un animal nautique.

A. Le kangourou B. La girafe C. Le dauphin

14. Les chameaux se trouvent dans ____________ .

A. l'eau B. le désert C. la forêt

15. Un camion est ____________ qu'une voiture.

A. plus petit B. plus grand C. grand

B. Remplissez les tirets pour écrire le nom des objets.
Fill in the blanks to write the names of the objects.

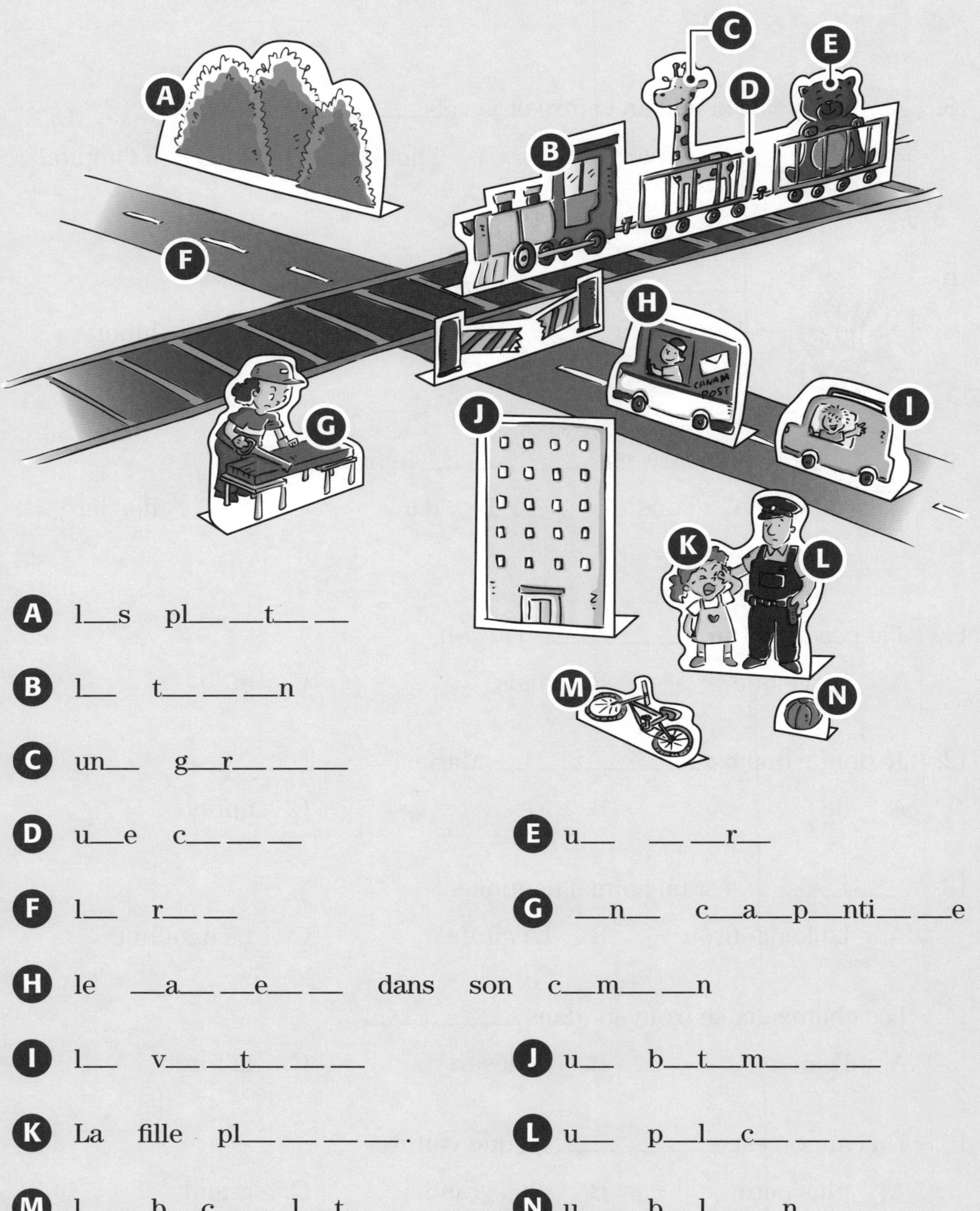

A l__s pl__ __t__ __

B l__ t__ __ __n

C un__ g__r__ __ __

D u__e c__ __ __

E u__ __ __r__

F l__ r__ __

G __n__ c__a__p__nti__ __e

H le __a__ __e__ __ dans son c__m__ __n

I l__ v__ __t__ __ __

J u__ b__t__m__ __ __

K La fille pl__ __ __ __.

L u__ p__l__c__ __ __

M l__ b__c__ __l__t__ __

N u__ b__l__ __n

C. Mettez la bonne lettre dans le cercle.
Put the correct letter in the circle.

Tu...

Nous...

La chèvre...

Alice et Marie...

Monsieur le Président, ...

Cinquante et onze font...

Paul mange du riz parce qu'...

Je regarde la télévision...

Quarante moins quatre égalent...

J'ai mal aux dents. J'ai besoin d'...

A se trouve dans la montagne.

B vous êtes très gentil.

C regardent le ciel.

D soixante et un.

E avons raison.

F après l'école.

G un dentiste.

H trente-six.

I il a faim.

J as tort.

D. Écrivez la bonne lettre dans le cercle.
Write the correct letter in the circle.

1. Cinquante se trouve entre quarante et soixante.

A **14 < 15 < 16**

B **40 < 50 < 60**

C **4 < 5 < 6**

2. J'ai peur!

A

B

C

3. Mon oiseau n'est pas dans sa cage.

B

C

4. Mme Leblanc, ____________ !

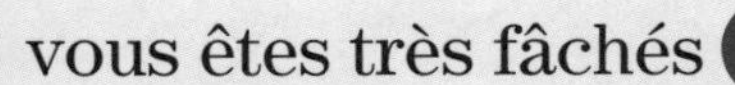
A vous êtes très fâchés

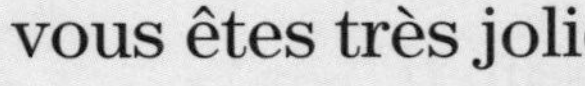
B vous êtes très jolie

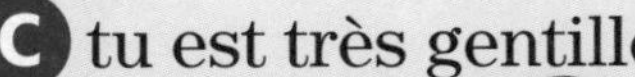
C tu est très gentille

5. Il a quatorze ans.

A

B

C
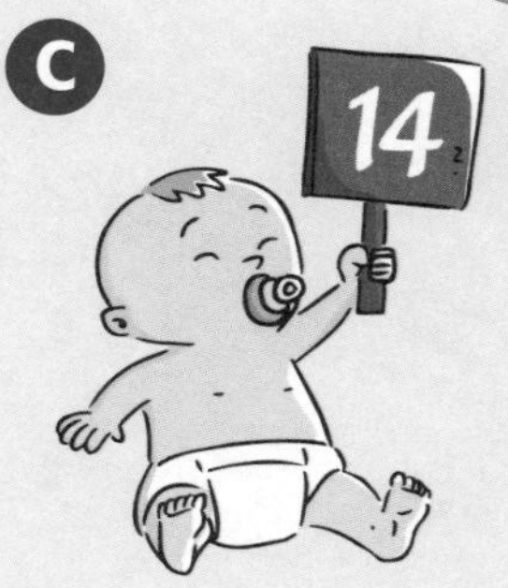

6. Alice est à la fenêtre.

A

B

C

7. La boulangerie est mon magasin préféré.

A
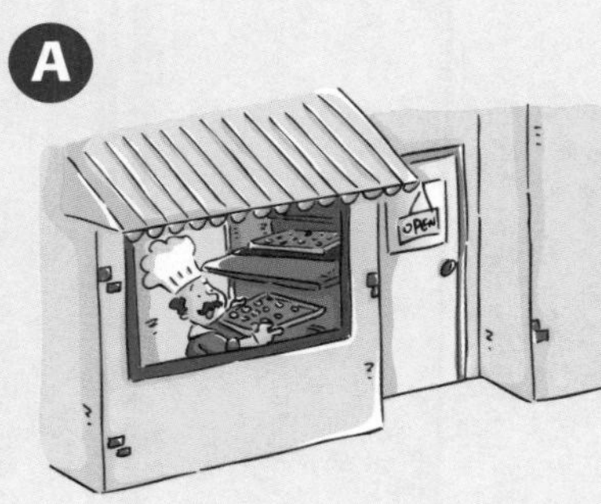

B

C
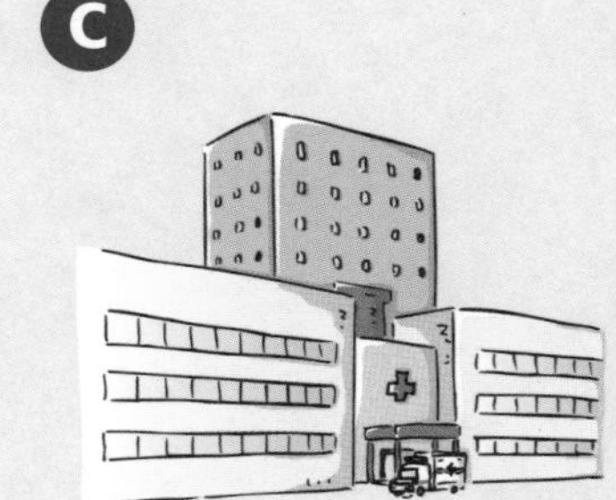

8. une jolie petite chèvre

A

C

1 Les parties du corps
Body Parts

B. 1. la joue
2. le coude
3. les oreilles
4. le nez ; la bouche
5. les sourcils ; la main
6. les yeux
7. les lèvres
8. les genoux
9. les cheveux

C. A: les yeux B: le nez
C: le menton D: les cheveux
E: les sourcils F: la main
G: la bouche H: les oreilles

D. 1. l'orteil
2. la poitrine
3. le doigt

E. 1. mon visage 2. ta bouche
3. ses lèvres 4. son bras
5. ton oreille 6. mes genoux

F. 1. mes yeux.
2. Voilà ton coude.
3. Voilà ses lèvres.
4. Voilà ses joues.
5. Voilà ma main.
6. Voilà mes genoux.
7. Voilà sa tête.
8. Voilà ses oreilles.

2 Les activités quotidiennes
Daily Activities

B. D: regarder
E: dessiner
A: étudier
B: manger
C: parler

C. 1. vous 2. ils
3. nous 4. elles

D. 1. étudiez 2. aident
3. parle 4. regardes
5. pleurent 6. rêvons
7. écoute 8. pense

E. A: nage B: pense
C: marchons D: parlent
E: pleure F: dansent
G: rêve H: sommeille
I: écoute J: mange

F. 1. danser
2. J'aime dessiner des tigres.
3. Sophie aime rêver la nuit.
4. Nous aimons parler.
5. Vous aimez étudier le français.
6. Ils aiment manger leurs légumes.

3 Les accessoires
Accessories

B. 1. collier
2. bague
3. sac
4. cravate
5. lunettes ; brosse à cheveux

C. F: les boutons
H: une écharpe
A: un chapeau
G: une brosse à cheveux
C: une cravate
B: un bracelet
E: un collier
D: une montre
("Une ceinture" and "un sac" are dummies.)

D. 1. des montres
2. des colliers
3. le bracelet
4. les accessoires
5. un sac
6. des chapeaux
7. des écharpes
8. une bague
9. les portefeuilles
10. une cravate
11. les ceintures
12. des chaussures

E. 1. des bagues ; porte une bague
2. portes une montre ; portent des montres
3. portez des chapeaux ; porte un chapeau
4. porte des chaussures ; portes des chaussures

F.

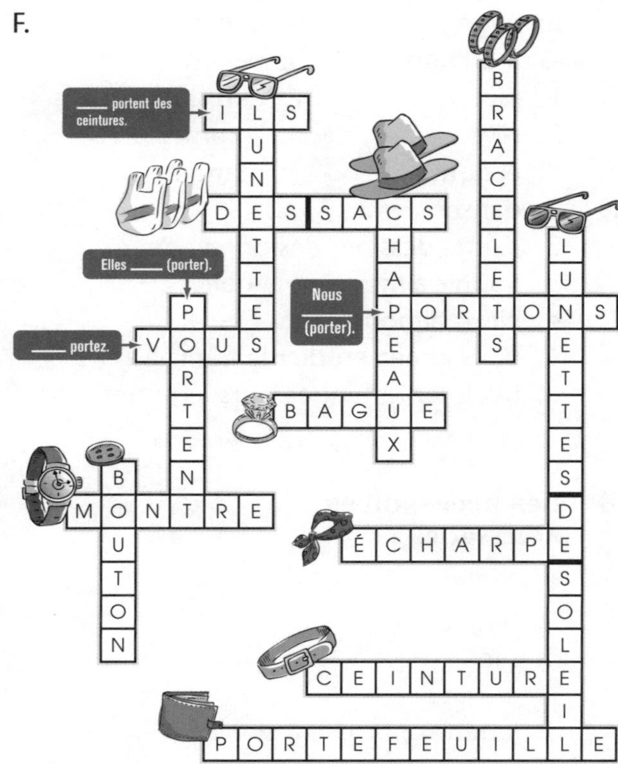

4 Les émotions
Feelings

B.

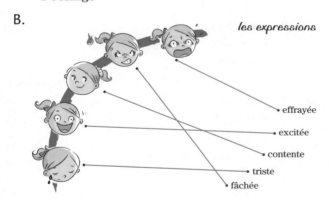

les expressions

effrayée
excitée
contente
triste
fâchée

C. (Individual answers)

D. masculine : triste ; gentil ; ennuyé ; fâché ; fatigué ; drôle ; timide

feminine : gentille ; triste ; fâchée ; ennuyée ; drôle ; timide

E.
1. heureuse
2. ennuyé
3. gentille
4. fâché
5. contents
6. excitée
7. effrayée

F. (Individual answers)

5. Les fruits et les légumes
Fruits and Vegetables

B. (Individual answers)

C. Les légumes : un brocoli ; des pommes de terre ; une carotte ; le maïs ; une tomate ; un poivron vert

Les fruits : un kiwi ; des bananes ; une orange ; une fraise ; un ananas ; un melon d'eau ; des raisins ; des bleuets ; une pomme

D.
1. un kiwi ; une pêche
2. une fraise ; un champignon ; la laitue ; un concombre ; une framboise
3. une carotte ; une pomme de terre

E. A: pommes de terre
B: carottes
C: oranges
D: pomme
E: tomates
F: poivrons
G: fraises

F.
1. C'est ; Ce sont
2. C'est une banane. ; Ce sont des bananes.
3. C'est un bleuet. ; Ce sont des bleuets.
4. C'est un kiwi. ; Ce sont des kiwis.
5. C'est une orange. ; Ce sont des oranges.
6. C'est une tomate. ; Ce sont des tomates.
7. C'est un champignon. ; Ce sont des champignons.

6 Les produits laitiers
Milk Products

B.
1. yogourt
2. beurre
3. fromage
4. crème glacée
5. lait
6. crème fouettée

C. crème glacée
fromage
lait au chocolat
yogourt
Le mot mystère est lait.

D.

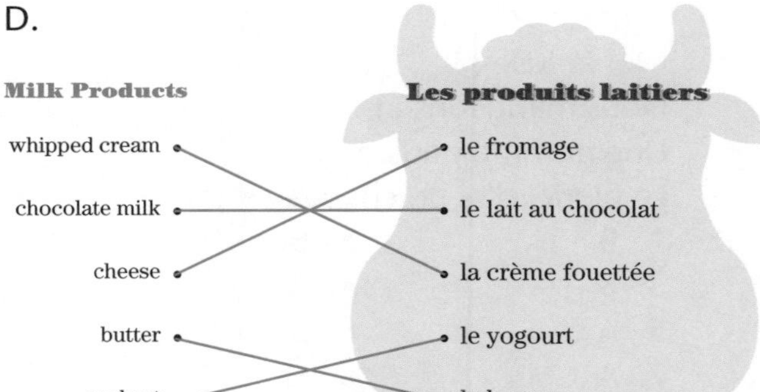

E. A: le lait
B: le beurre / le fromage
C: la crème glacée
D: la crème fouettée / le yogourt

F. 1. Tu manges du beurre.
2. Nous mangeons de la crème fouettée.
3. Je mange de la crème glacée.
4. Il mange du yogourt.

G.

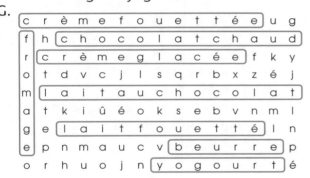

c r è m e f o u e t t é e u g
f h c h o c o l a t c h a u d
r c r è m e g l a c é e f k y
o t d v c j l s q r b x z é j
m l a i t a u c h o c o l a t
a t k i û é o k s e b v n m l
g e l a i t f o u e t t é l n
e p n m a u c v b e u r r e p
o r h u o j n y o g o u r t é

H. 1. Je bois du lait fouetté.
2. Je bois du lait au chocolat.
3. Je bois du chocolat chaud.
4. Je bois de la soupe.

7 Les viandes et les substituts
Meat and Alternatives

B. (Individual answers)

C. 1. le bœuf
2. la crevette
3. l'amande
4. le houmous
5. l'œuf
6. l'arachide

D. 1. les viandes rouges
2. la volaille
3. les fruits de mer

E. A: les amandes
B: les fèves
C: les haricots de Lima
D: la dinde
E: les fruits de mer
F: le beurre d'arachide
G: le bœuf
H: les arachides
I: le canard
J: l'agneau
K: les œufs

F. 1. Quel 2. Quelles
3. Quelle 4. Quelle
5. Quel 6. Quelles
7. Quelle 8. Quels
9. Quelles 10. Quelles

G. 1. Quel bœuf
2. Quel porc
3. Quelle arachide
4. Quelles amandes préférez-vous?
5. Quels fruits de mer préférez-vous?

8 Les céréales
Grains

B. 1. les grains / le riz / le blé
2. le pain
3. le maïs soufflé
4. les craquelins
5. les pâtes
6. les crêpes
7. A: les crêpes
B: le gruau
C: le maïs

C. (Individual answers)

D. (Individual answers)

E. Au déjeuner je mange des craquelins.
Au dîner je mange du pain.
Au souper je mange du riz.

F. 1. des 2. du
3. de l' 4. du
5. des 6. du
7. des 8. de la

G. 1. nagez ; You swim in the pool.
2. arrangeons ; We arrange our papers.
3. changent ; They change their shoes.

4. manges ; You eat turkey.
5. partageons ; We share cookies.
6. mange ; She eats bread.

H. A: pain
B: Le garçon mange du maïs soufflé.
C: La fille mange des crêpes.
D: Le garçon mange du maïs.
E: L'oiseau mange des grains.
F: La souris mange des pâtes.

La révision 1
Revision 1

A. 1. C 2. B
3. C 4. C
5. A 6. B
7. B 8. C
9. C 10. A
11. C 12. B
13. C 14. C
15. A 16. C

B. A: les sourcils
B: son œil
C: les cheveux
D: une montre
E: la bague
F: un bracelet
G: le fromage
H: le riz
I: la laitue
J: le poulet
K: un ananas
L: l'orange
M: un raisin
N: une gaufre
O: la crème fouettée
P: les œufs
Q: les biscuits

C. Tu : E
J'aime : A
Il porte : C
J'écoute avec : H
Voilà ma : K
Alice est : D
Paul est : G
Moi et Julie : B
Nous mangeons : I
Une pomme pousse : J
Le pluriel d' « un chapeau » est : F

D. 1. B 2. B
3. B 4. A
5. A 6. B
7. A 8. C

9 Les nombres : de 1 à 69
Numbers: 1 to 69

B. 0-39 : vingt-cinq ; dix ; vingt-deux ; seize ; trente-quatre ; trente
40-49 : quarante ; quarante-six
50-59 : cinquante et un ; cinquante-neuf ; cinquante-huit
60-69 : soixante-six

C. 1. quinze
2. quarante
3. cinq
4. cinquante-sept ; cinquante-huit
5. quarante et un
6. quarante-cinq ; cinquante-cinq
7. vingt et un ; vingt-quatre

D. 1. 9
2. 50
3. 47
4. 18
5. 53
6. 44
7. 36
8. 25
9. cinquante-cinq ; quarante-huit ; vingt-six ; cinquante-trois ; trente et un ; trente-neuf ; soixante-quatre

E. 1. Quarante
2. Huit
3. Cinq

F. 1. Vingt-trois est plus grand que treize.
2. Cinquante-deux est plus grand que vingt-cinq.
3. Seize est plus petit que soixante.

10 La quantité et les équations
Quantity and Equations

B. 1. l'addition
2. le signe égal
3. la somme
4. les chiffres
5. les nombres
6. la soustraction
7. plus

C. l'addition : A ; D ; E ; F
la soustraction : B ; C

D. 1. trop
2. peu
3. plus ; petit
4. très
5. plus ; fatiguée
6. beaucoup ; trés

E. D ; A ; E ; C ; B

F. 1. 30 – 3 = 27
2. 12 + 6 = 18
3. 60 – 16 = 44

G. A: cinq ; dix-huit ; 13 + 5 = 18
B: deux égalent quatre ; 6 – 2 = 4
C: Trente-quatre plus treize égalent quarante-sept. ; 34 + 13 = 47
D: Vingt-quatre moins cinq égalent quinze. ; 24 – 5 = 19
E: Soixante-quatre moins quatre égalent soixante. ; 64 – 4 = 60

H. 1. font quatre et deux ; Quatre et deux font six.
2. Combien font un et cinq? ; Un et cinq font six.
3. Combien font deux et sept? ; Deux et sept font neuf.

11 Les métiers
Professions

B. A: une charpentière
B: un réalisateur
C: une factrice
D: un artiste
E: un boulanger
F: un plombier
G: une pompière
H: une musicienne

C. un avocat ; une fermière ; une factrice ; un infirmier ; la dentiste ; le boulanger ; une musicienne ; un réalisateur

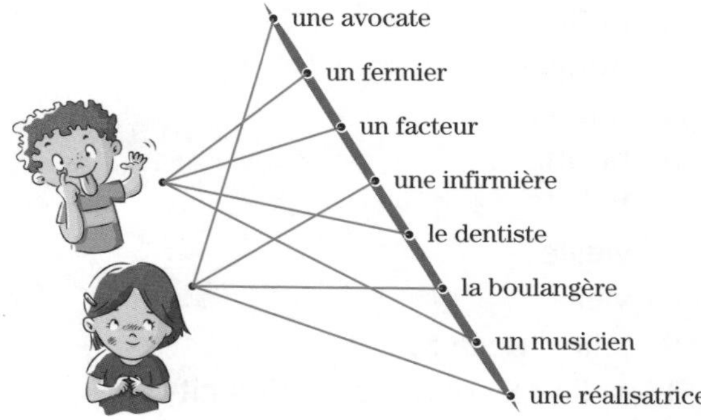

D. 1. tu
2. vous
3. vous
4. tu
5. vous
6. tu

E. 1. son médecin
2. sa sœur

F. 1. policier
2. policière
3. policière
4. policiers
5. policières
6. policiers

12 En ville
In the City

B. 1. l'épicerie
2. le cinéma
3. la gendarmerie
4. l'église
5. l'aéroport
6. l'hôpital
7. la boulangerie
8. le parc
9. le musée

C. Transportation : l'épicerie ; l'hôtel
Loisirs : l'autobus ; la banque
Services Publics : la ville ; la banque

D. 1. la boulangerie
2. le cinéma
3. l'école

4. le dépanneur / le supermarché / l'épicerie
5. le magasin

E.
1. nouveau
2. petite
3. nouvel
4. mauvais
5. bonne
6. bel
7. vieille
8. vieil
9. jolie / belle ; petite

F.
1. belle ; Here is a beautiful city.
2. grand ; Here is the big truck.
3. jeune ; Here is a young boy.
4. jaune ; Here is a yellow taxi.

G.
1. la jeune fille
2. une banane jaune
3. un vieux cinéma
4. Une mauvaise chatte!
5. un vieil hôpital
6. une petite pomme

13 La nature
Nature

B.

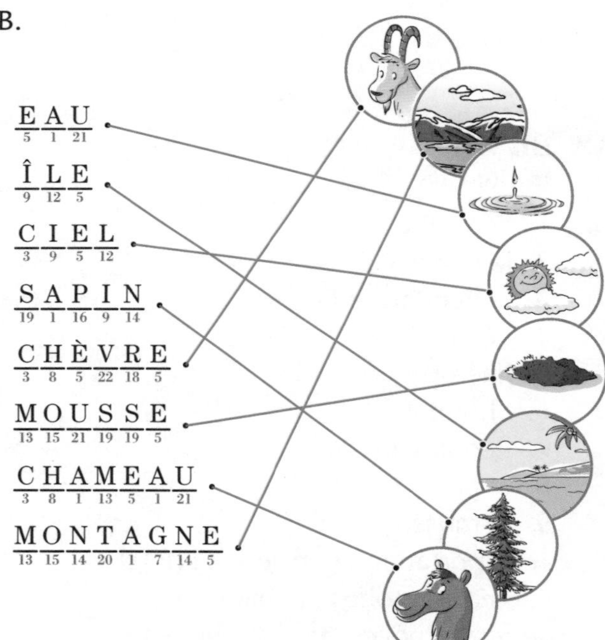

C.
1. la forêt
2. une île
3. la forêt
4. la terre ; la nature
5. l'océan
6. le désert

D.
1. sable ; D
2. cactus ; B
3. chameau ; C
4. ciel ; A
5. eau ; E

E.
1.

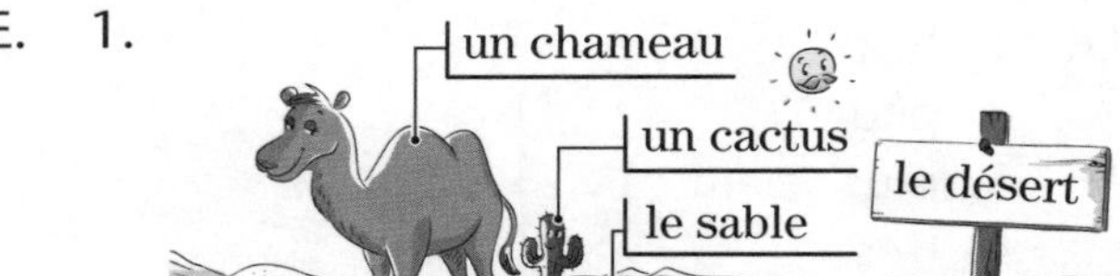

2.

3.

4.

5.

F. A: Les sapins ; la forêt
B: La plante ; la nature / la terre
C: Les palmiers se trouvent dans une île.
D: Les hippocampes se trouvent dans l'océan.
E: Le perroquet se trouve dans la jungle.

14 Les expressions avec « avoir »
Expressions with "Avoir"

B. 1. avoir soif
2. avoir honte
3. avoir mal à
4. avoir six ans
5. avoir raison
6. avoir tort

C. 1. Tu as treize ans.
2. Jean a trente-deux ans.
3. Vous avez quatorze ans.
4. Marie a six ans.
5. Mon frère et moi avons neuf ans.
6. Marc et Tom ont seize ans.
7. Ma sœur et toi avez onze ans.

D. A: soif
B: L'homme a soif.
C: Le fermier a faim.
D: Jill et toi, vous avez soif.
E: Les filles ont faim.
F: Paul et Sylvie ont soif.
G: Tu as soif.
H: Paul a faim.

E. 1. du lait
2. L'étudiant a besoin d'un crayon.
3. J'ai besoin d'une pomme.
4. L'avocat a besoin d'un stylo.
5. L'artiste a besoin de papier.
6. Ma sœur et moi avons besoin d'un livre.

F. 1. J'ai chaud.
2. Il a faim.
3. Elle a raison.
4. Ils ont soif.
5. Vous avez peur.
6. Nous avons du mal à sommeiller.
7. Nous avons honte.
8. Elle a mal au dent.
9. Ils ont envie de danser.
10. Tu as froid!
11. Tu as l'air contente.
12. J'ai besion du lait.
13. Suzie a l'habitude de manger trop.

15 Les prépositions et les conjonctions
Prepositions and Conjunctions

B.

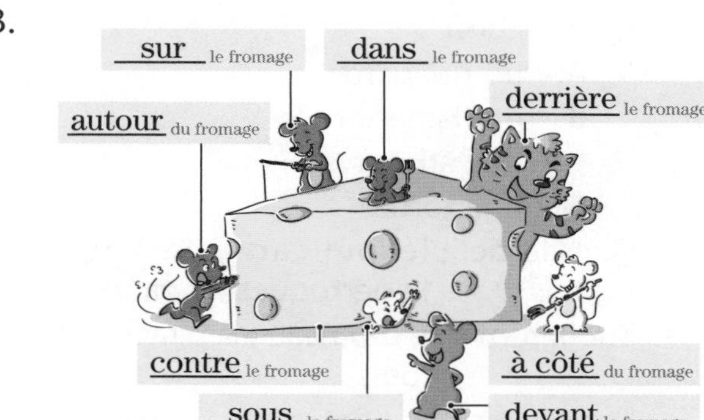

C. 1. sur
2. dans
3. avec
4. devant
5. contre
6. sans
7. au
8. autour

D. 1. à
2. après
3. avec
4. sous

E. ou ; mais ; et ; parce que ; puis

F. 1. parce qu'
2. et
3. ou
4. mais
5. et

G. à ; à ; mais ; parce qu' ; de ; dans ; avec ; de ; dans ; Mais ; avant ; autour ; mais

H. (Individual answer)

I. 1. derrière ; parce qu'
2. dans ; sous ; sur
3. après ; avant ; À
4. à ; de

16 Le zoo
The Zoo

B. 1. une grenouille
2. un panda
3. un caméléon
4. un koala
5. un phoque
6. une girafe
7. un serpent
8. un hibou
9. A: un guépard
B: un flamant rose
C: un vautour
D: une tortue

C. Dans le ciel : le pélican ; le vautour ; le perroquet ; le hibou
Sur la terre : le chameau ; la girafe ; le koala ; l'ours
Dans l'eau : la tortue ; le dauphin ; la pastenague ; le phoque

D. 1. Tu ne sommeilles pas.
2. Il ne rêve pas.
3. Elle n'est pas artiste.
4. Je n'ai pas chaud.
5. Nous n'avons pas cinq ans.
6. Ils ne sont pas fâchés.

E. 1. Elle pleure.
2. Ils aiment leur voiture.
3. Mon frère lit.

F. 1. Je n'ai pas sommeil.
2. Ils n'ont pas tort.
3. Vous n'êtes pas à l'hôpital.
4. Ma sœur ne regarde pas la télé.
5. Le chien ne rêve pas des chats.
6. Luc ne va pas au magasin.
7. Lucie et moi, nous n'étudions pas à la bibliothèque.

La révision 2
Revision 2

A. 1. B 2. B 3. C
4. C 5. B 6. C
7. B 8. C 9. B
10. C 11. A 12. B
13. C 14. B 15. B

B. A: les plantes
B: le train
C: une girafe
D: une cage
E: un ours
F: la rue
G: une charpentière
H: le facteur dans son camion
I: la voiture
J: un bâtiment
K: La fille pleure.
L: un policier
M: la bicyclette
N: un ballon

C. Tu : J
Nous : E
La chèvre : A
Alice et Marie : C
Monsieur le Président, : B
Cinquante et onze font : D
Paul mange du riz parce qu' : I
Je regarde la télévision : F
Quarante moins quatre égalent : H
J'ai mal aux dents. J'ai besoin d' : G

D. 1. B 2. A
3. B 4. B
5. B 6. A
7. A 8. B